spécial poulet

# 30 minutes chrono
## spécial poulet
Plus de 150 recettes plaisir pour manger sainement

MARABOUT

# sommaire

| | |
|---|---|
| introduction | 6 |
| grillades | 8 |
| salades | 90 |
| wok | 128 |
| à la poêle | 222 |
| curry | 270 |
| au four | 282 |
| à emporter | 304 |
| glossaire | 372 |
| index | 378 |

Le poulet est une viande au goût délicieux qui peut être employée en cuisine de mille façons différentes : on pourrait cuisiner plusieurs fois par semaine des plats à base de poulet pendant des années sans se lasser ni refaire la même recette. Les nombreuses découpes ou émincés de poulet sont très faciles et rapides à accommoder. En outre, le poulet est relativement bon marché, pauvre en graisse et en cholestérol. Il doit être conservé au frais. Si vous utilisez du poulet congelé, décongelez-le toujours au réfrigérateur.

Voici les découpes que ce livre utilise : **escalope** filet sans peau ; **filet** lanière de viande située sous la poitrine ; **aiguillettes** filets internes, petits morceaux de l'escalope ; **cuisse entière** ; **cuisse désossée** sans peau ; **haut de cuisse** avec peau et os ; **pilon** partie basse de la cuisse non désossée ; **aile** avec peau et os ; **aileron** deuxième segment de l'aile ; **manchon** premier segment de l'aile ressemblant à un petit pilon ; et cuisse ou escalope **hachées**. Ce livre contient également un chapitre où l'on utilise du poulet rôti tout prêt.

grillades

GRILLADES

# Poulet grillé aux câpres, aux anchois et au romarin

8 cuisses de poulet (1,3 kg)
50 g de câpres rincées, égouttées et finement hachées
4 gousses d'ail pilées
6 anchois finement émincés
2 c. à c. de romarin frais

**1** Dans un petit saladier, mélangez les câpres, l'ail, les anchois et le romarin.
**2** Préchauffez le gril.
**3** Faites deux profondes incisions dans la peau et la chair du poulet. Introduisez 1 cuillerée à café de la préparation aux câpres dans chaque incision.
**4** Faites cuire le poulet au gril chaud jusqu'à ce qu'il prenne une couleur dorée des deux côtés et soit entièrement cuit.
**5** Servez le poulet accompagné de salade verte et de petites pommes de terre vapeur si vous le souhaitez.

**à table** en 35 minutes
**pour** 4 personnes **par portion** 32,8 g de lipides (dont 10,8 g d'acides gras saturés) ; 456 cal ; 1,3 g de glucides ; 39 g de protéines ; 0,7 g de fibres

# Poulet grillé au nam jim

8 cuisses de poulet (1,3 kg)
90 g de sucre de palme râpé
2 c. à c. de cumin en poudre
80 g de feuilles de menthe
80 g de feuilles de basilic
**nam jim**
2 gousses d'ail coupées en quatre
3 longs piments verts grossièrement émincés
2 pieds de coriandre (tige et racine)
2 c. à s. de nuoc-mâm
2 c. à s. de sucre de palme râpé
3 échalotes (75 g) coupées en morceaux
60 ml de jus de citron vert

**1** Coupez chaque cuisse de poulet en deux au niveau de l'articulation. Enduisez chaque morceau de poulet de sucre de palme et de cumin mélangés au préalable.
**2** Faites cuire les morceaux de poulet sur une plaque à griller préchauffée (ou au gril ou au barbecue), en les retournant régulièrement.
**3** Préparez le nam jim.
**4** Servez les morceaux de poulet grillé avec les herbes fraîches et le nam jim.
**nam jim** mixez tous les ingrédients pour obtenir une préparation épaisse.

**à table** en 35 minutes
**pour** 4 personnes **par portion** 16,7 g de lipides (dont 5 g d'acides gras saturés) ; 452 cal ; 30,2 g de glucides ; 44,3 g de protéines ; 1,7 g de fibres

GRILLADES

# Poulet à la sauce aigre-douce

4 escalopes de poulet (800 g)
440 g d'ananas en boîte, coupé en morceaux, avec son jus
1 c. à s. d'huile d'arachide
1 petit oignon (80 g) finement émincé
1 gros poivron rouge (350 g) coupé en grosses lanières
1 gros poivron vert (350 g) coupé en grosses lanières
1 branche de céleri parée (100 g) finement émincée
60 ml de sauce tomate
60 ml de sauce aux prunes
2 c. à s. de sauce de soja claire
60 ml de vinaigre blanc
1 c. à s. de farine de maïs
125 ml de bouillon de poulet

**1** Faites cuire le poulet sur une plaque à griller chaude et huilée (ou au gril ou au barbecue) jusqu'à ce que la viande soit entièrement dorée et cuite. Découpez-la en gros morceaux. Couvrez pour garder au chaud.
**2** Égouttez l'ananas et réservez le jus.
**3** Faites chauffer l'huile dans une grande casserole. Faites-y revenir l'ananas, l'oignon, les poivrons et le céleri pendant 4 minutes en remuant. Ajoutez le jus d'ananas, les trois sauces, le vinaigre ainsi que la farine de maïs délayée dans le bouillon de poulet. Remuez jusqu'à ébullition. Le mélange doit épaissir légèrement.
**4** Servez le poulet recouvert de sauce aigre-douce.

**à table** en 20 minutes
**pour** 4 personnes **par portion** 9,7 g de lipides (dont 2,1 g d'acides gras saturés) ; 422 cal ; 31,4 g de glucides ; 49,5 g de protéines ; 4,1 g de fibres

# Filets de poulet et sauce au poivre vert et à l'estragon

600 g de filet de poulet
4 pommes de terre moyennes (800 g)
1 c. à s. de poivre noir en grains moulu
4 grosses tomates (1 kg) coupées en tranches fines
1 oignon rouge moyen (170 g) finement émincé
**sauce au poivre vert et à l'estragon**
2 c. à s. d'eau
2 c. à c. de grains de poivre vert, égouttés et écrasés
2 c. à c. de moutarde à l'ancienne
2 ciboules finement émincées
1 c. à s. d'estragon frais grossièrement haché
1 c. à s. d'huile d'olive
1 c. à s. de sucre en poudre
80 ml de vinaigre de vin blanc

**1** Préparez la sauce au poivre vert et à l'estragon.
**2** Faites cuire les pommes de terre à l'eau, à la vapeur ou au micro-ondes jusqu'à ce qu'elles soient tout juste tendres puis égouttez-les.
**3** Pendant ce temps, recouvrez le poulet de poivre noir. Faites-le cuire sur une plaque à griller chaude et huilée (ou au gril ou au barbecue). Coupez-le en gros morceaux.
**4** Lorsque les pommes de terre ont suffisamment refroidi pour être manipulées, coupez-les en tranches fines. Faites griller les pommes de terre en plusieurs fois sur la même plaque, chaude et huilée, jusqu'à ce qu'elles soient dorées des deux côtés.
**5** Disposez le poulet, les pommes de terre, les tranches de tomates et d'oignon dans les assiettes. Ajoutez la sauce.
**sauce au poivre vert et à l'estragon** mettez tous les ingrédients dans un shaker pour sauce à salade, mettez le couvercle puis secouez.

**à table** en 25 minutes
**pour** 4 personnes **par portion** 13,4 g de lipides (dont 3,2 g d'acides gras saturés) ; 430 cal ; 34,1 g de glucides ; 39,6 g de protéines ; 6,6 g de fibres

# Poulet à la moutarde et au romarin

4 escalopes de poulet (800 g)
1 c. à s. de moutarde à l'ancienne
1 c. à s. de jus de citron
1 c. à s. d'huile d'olive
1 c. à s. de romarin frais finement haché
1 gousse d'ail pilée
600 g de petites pommes de terre nouvelles coupées en quatre
250 g de jeunes pousses d'épinards
20 g de beurre
1 citron moyen (140 g) coupé en quartiers

**1** Dans un saladier, mélangez le poulet, la moutarde, le jus de citron, l'huile, le romarin et l'ail.
**2** Faites cuire le poulet sur une plaque à griller chaude et huilée (ou au gril ou au barbecue).
**3** Pendant ce temps, faites cuire les pommes de terre à l'eau, à la vapeur ou au micro-ondes jusqu'à ce qu'elles soient tout juste tendres puis égouttez-les. Placez les pommes de terre chaudes dans un grand saladier avec les épinards et le beurre. Remuez délicatement pour faire fondre le beurre.
**4** Servez le poulet avec les légumes et les quartiers de citron.

**à table** en 20 minutes
**pour** 4 personnes **par portion** 13,8 g de lipides (dont 4,5 g d'acides gras saturés) ; 422 cal ; 20,7 g de glucides ; 50,8 g de protéines ; 5,2 g de fibres

# Poulet grillé à la coriandre et au piment

6 cuisses de poulet désossées (660 g), coupées en deux
**sauce pimentée à la coriandre**
8 ciboules grossièrement émincées
3 gousses d'ail coupées en quatre
3 petits piments rouges thaïs frais, épépinés et grossièrement émincés
10 g de feuilles de coriandre fraîche
1 c. à c. de sucre en poudre
1 c. à s. de nuoc-mâm
60 ml de jus de citron vert
**salade de pois chiches**
600 g de pois chiches en boîte, rincés et égouttés
2 tomates olivettes (150 g) grossièrement concassées
2 ciboules émincées
2 c. à s. de jus de citron vert
40 g de coriandre fraîche ciselée
1 c. à s. d'huile d'olive

**1** Préparez la sauce pimentée à la coriandre.
**2** Faites griller les cuisses de poulet sur une plaque à griller chaude et huilée (ou au gril ou au barbecue). Badigeonnez-les des deux tiers de la sauce pimentée à la coriandre et continuez la cuisson 5 minutes pour qu'elles soient cuites à cœur.
**3** Préparez la salade de pois chiches.
**4** Servez le poulet arrosé du reste de sauce pimentée à la coriandre et accompagné de la salade de pois chiches.
**sauce pimentée à la coriandre** hachez finement au robot ou au mixeur les ciboules, l'ail, les piments et la coriandre avec le sucre. Ajoutez le nuoc-mâm et le jus de citron puis mixez jusqu'à obtention d'une sauce homogène.
**salade de pois chiches** mélangez délicatement tous les ingrédients dans un grand saladier.

**à table** en 25 minutes
**pour** 4 personnes **par portion** 18,5 g de lipides (dont 4,6 g d'acides gras saturés) ; 395 cal ; 15,9 g de glucides ; 38,3 g de protéines ; 6,2 g de fibres

# Ailes de poulet grillées, sauce ranch et salade de roquette au bleu

12 ailes de poulet (1 kg)
1 c. à s. d'huile d'olive
**sauce ranch**
95 g de yaourt
100 g de mayonnaise
2 c. à s. de babeurre
1 petit oignon (80 g) finement râpé
1 gousse d'ail pilée
1 c. à s. de ciboulette fraîche finement ciselée
**salade de roquette au bleu**
100 g de jeunes pousses de roquette
250 g de tomates raisins coupées en deux
1 c. à s. d'huile d'olive
2 c. à s. de vinaigre de vin rouge
100 g de bleu coupé en quatre

**1** Coupez les extrémités des ailes de poulet et jetez-les. Coupez les ailes en deux au niveau de l'articulation. Badigeonnez-les d'huile d'olive. Faites-les cuire sur une plaque à griller chaude et huilée (ou au gril ou au barbecue).
**2** Pendant ce temps, préparez la sauce ranch.
**3** Préparez la salade de roquette au bleu.
**4** Servez le poulet accompagné de la salade de roquette et de la sauce ranch.
**sauce ranch** mélangez les ingrédients dans un petit saladier.
**salade de roquette au bleu** dans un saladier, mélangez la roquette, les tomates, l'huile et le vinaigre puis recouvrez de fromage.

**à table** en 30 minutes
**pour** 4 personnes **par portion** 34,9 g de lipides (dont 10,8 g d'acides gras saturés) ; 531 cal ; 9,8 g de glucides ; 44,2 g de protéines ; 1,9 g de fibres
**conseil** pour réaliser la sauce ranch, utilisez une mayonnaise de qualité aux œufs entiers. Le goût trop sucré de certaines mayonnaises prêtes à l'emploi gâcherait la saveur de la sauce ranch.

# Tortillas au poulet tandoori à la raïta

400 g de filet de poulet
1 c. à s. de jus de citron vert
100 g de pâte tandoori
70 g de yaourt
8 grandes tortillas de blé
60 g de jeunes pousses d'épinards
**raïta**
280 g de yaourt
1 concombre libanais (130 g) coupé en deux, épépiné et émincé
1 c. à s. de menthe fraîche ciselée

**1** Préparez la raïta.
**2** Mélangez le jus de citron, la pâte tandoori et le yaourt dans un saladier. Ajoutez les filets de poulet et retournez-les plusieurs fois dans cette marinade pour bien les enrober.
**3** Faites-les cuire en plusieurs tournées, sur une plaque à griller, chaude et huilée (ou au gril ou au barbecue) jusqu'à ce qu'ils soient cuits à cœur. Laissez-les reposer 5 minutes et découpez-les en lamelles épaisses.
**4** Faites chauffer les tortillas en suivant les instructions de l'emballage.
**5** Répartissez les lamelles de poulet, les pousses d'épinards et la raïta sur un quart de la surface de chaque tortilla. Repliez celle-ci en deux, puis de nouveau en deux pour former un cornet autour de la garniture.
**raïta** mélangez les ingrédients dans un grand bol.

**à table** en 25 minutes
**pour** 8 personnes **par portion** 22,9 g de lipides (dont 5,4 g d'acides gras saturés) ; 585 cal ; 55,8 g de glucides ; 35,5 g de protéines ; 6,2 g de fibres

… GRILLADES

# Poulet grillé au beurre d'herbes, aux amandes et au gruyère

4 escalopes de poulet (800 g)
80 g de beurre ramolli
1 c. à s. de persil plat finement haché
2 c. à c. de jus de citron
3 carottes moyennes (360 g) détaillées en allumettes de 8 cm
250 g de haricots verts extra-fins
35 g d'amandes effilées et grillées
30 g de gruyère finement râpé

**1** Mélangez le beurre, le persil et le jus de citron dans un bol. Couvrez et mettez au réfrigérateur.
**2** Faites cuire le poulet sur une plaque à griller (ou au gril ou au barbecue) jusqu'à ce qu'il soit doré. Couvrez et réservez au chaud.
**3** Pendant ce temps, faites cuire séparément les carottes et les haricots verts à l'eau ou à la vapeur. Égouttez-les.
**4** Disposez un lit de légumes sur les assiettes. Ajoutez le poulet et garnissez-le avec le beurre aux herbes. Décorez d'amandes grillées et de fromage râpé. Servez aussitôt.

**à table** en 35 minutes
**pour** 4 personnes **par portion** 28,1 g de lipides (dont 13,6 g d'acides gras saturés) ; 491 cal ; 6,2 g de glucides ; 51,2 g de protéines ; 4,8 g de fibres

# Escalopes de poulet au chutney et riz pilaf

4 escalopes de poulet (800 g)
1 c. à s. c'huile végétale
1 petit oignon (80 g) finement haché
1 gousse d'ail pilée
1 c. à c. de graines de moutarde noires
¼ de c. à c. de cardamome en poudre
½ c. à c. de cumin en poudre
½ c. à c. de garam masala
½ c. à c. de curcuma en poudre
300 g de riz blanc à longs grains
750 ml de bouillon de poulet
2 c. à s. de feuilles de coriandre fraîche, grossièrement ciselées
80 g de chutney de mangue
2 c. à s. d'eau

**1** Faites chauffer l'huile dans une sauteuse et faites revenir l'oignon, l'ail et les graines de moutarde en remuant sans cesse jusqu'à ce que l'oignon soit fondant et que les graines soient bien saisies. Ajoutez les autres épices et continuez de remuer jusqu'à ce que le mélange embaume.
**2** Ajoutez le riz en remuant toujours, puis versez le bouillon de poulet et portez à ébullition. Baissez le feu et laissez frémir sans couvrir jusqu'à ce que le riz soit tendre. Ajoutez la coriandre. Réservez au chaud.
**3** Pendant ce temps, mélangez le chutney et l'eau dans une petite casserole puis faites chauffer en remuant.
**4** Badigeonnez les escalopes de poulet de chutney et faites-les griller sur une plaque à griller (ou au gril ou au barbecue) jusqu'à ce qu'elles soient dorées des deux côtés et cuites à point. Coupez-les en tranches épaisses. Servez le poulet accompagné de riz pilaf.

**à table** en 30 minutes
**pour** 4 personnes **par portion** 17,1 g de lipides (dont 4,2 g d'acides gras saturés) ; 628 cal ; 70,6 g de glucides ; 46,3 g de protéines ; 1,5 g de fibres
**note** le gril ou le barbecue ne doivent pas être trop chauds pour éviter de brûler le chutney.

# Burgers de poulet asiatique et mayonnaise au wasabi

500 g de poulet haché
1 concombre libanais (130 g) coupé en fines rondelles
70 g de gingembre rose en saumure, égoutté
125 g de vinaigre de riz
1 c. à c. de sel
1 c. à s. de sucre en poudre
10 g (2 cm) de gingembre frais râpé
1 c. à s. de sauce de soja
1 œuf
70 g de chapelure
1 c. à c. d'huile de sésame
2 ciboules finement émincées
4 pains pour hamburger
50 g de mizuna
**mayonnaise au wasabi**
75 g de mayonnaise
2 c. à c. de pâte de wasabi

**1** Dans un petit saladier, mélangez le concombre, le gingembre mariné, le vinaigre, le sel et le sucre. Réservez.
**2** Avec les mains, pétrissez dans un grand saladier le poulet haché, le gingembre frais râpé, la sauce de soja, l'œuf, la chapelure, l'huile et les ciboules. Façonnez 4 galettes avec cette préparation.
**3** Faites cuire les galettes sur une plaque chaude et huilée (ou au gril ou au barbecue) jusqu'à ce qu'elles soient entièrement dorées et cuites.
**4** Pendant ce temps, coupez les pains en deux horizontalement. Passez-les au gril, face coupée vers le haut.
**5** Préparez la mayonnaise au wasabi puis étalez-la sur la base des pains.
**6** Disposez la mizuna, les galettes et la préparation au concombre égouttée entre les deux moitiés du pain à la manière d'un sandwich.
**mayonnaise au wasabi** mélangez les ingrédients dans un bol.

**à table** en 35 minutes
**pour** 4 personnes **par portion** 22 g de lipides (dont 4,8 g d'acides gras saturés) ; 574 cal ; 57,7 g de glucides ; 35,2 g de protéines ; 1,3 g de fibres

# Brochettes de poulet au citron et aux artichauts

500 g d'escalopes de poulet coupées en dés de 3 cm
2 c. à s. de jus de citron
2 c. à s. d'huile d'olive
2 gousses d'ail pilées
2 citrons moyens (280 g)
800 g de cœurs d'artichauts en boîte, égouttés et coupés en deux
24 petits champignons de Paris sans les pieds

**1** Mélangez le jus de citron, l'huile d'olive et l'ail dans un bol.
**2** Coupez chaque citron en 12 quartiers. Enfilez sur les brochettes en alternant les quartiers de citron, les dés de poulet, les cœurs d'artichauts et les champignons.
**3** Faites cuire les brochettes sur une plaque à griller préchauffée en les badigeonnant régulièrement de sauce à l'ail. Servez sans attendre.

**à table** en 35 minutes
**pour** 4 personnes **par portion** 12,8 g de lipides (dont 2 g d'acides gras saturés) 280 cal ; 4,5 g de glucides ; 34,2 g de protéines ; 7,7 g de fibres
**conseil** Laissez tremper 12 brochettes en bambou 30 minutes dans de l'eau froide pour éviter qu'elles ne brûlent pendant la cuisson.

# Poulet grillé et salsa à la mangue

4 escalopes de poulet (800 g)
**salsa à la mangue**
120 g d'épinards coupés en fines lanières
1 oignon rouge (170 g) finement haché
1 mangue (430 g) finement hachée
1 c. à s. de menthe fraîche grossièrement hachée
20 g de parmesan râpé
60 ml de sauce aux piments doux

**1** Faites dorer le poulet sur une plaque à griller huilée (ou au gril ou au barbecue).
**2** Pendant ce temps, préparez la salsa à la mangue.
**3** Servez le poulet garni de salsa à la mangue.
**salsa à la mangue** mélangez tous les ingrédients dans un bol. Remuez énergiquement.

**à table** en 25 minutes
**pour** 4 personnes **par portion** 6,6 g de lipides (dont 2,2 g d'acides gras saturés) ; 329 cal ; 15,7 g de glucides ; 49,6 g de protéines ; 2,7 g de fibres

GRILLADES

# Poulet à la harissa et salade de couscous

4 escalopes de poulet (800 g) coupées en grosses tranches
2 c. à s. de harissa
2 c. à c. de zeste de citron finement râpé
**salade de couscous**
375 ml de bouillon de poulet
2 c. à c. de coriandre en poudre
300 g de couscous
1 poivron rouge moyen (200 g) finement émincé
1 oignon moyen (150 g) finement émincé
3 ciboules coupées en tronçons fins
20 g de feuilles de coriandre fraîches
80 ml de jus de citron
1 c. à s. d'huile d'olive

**1** Dans un saladier, mélangez le poulet, la harissa et le zeste de citron.
**2** Préparez la salade de couscous.
**3** Pendant ce temps, faites cuire le poulet sur une plaque à griller chaude et huilée (ou au gril ou au barbecue).
**4** Servez le poulet disposé sur la salade de couscous.
**salade de couscous** dans une casserole, portez à ébullition le bouillon de poulet et la coriandre en poudre. Retirez du feu et ajoutez le couscous. Couvrez et laissez reposer 5 minutes jusqu'à ce que le liquide soit absorbé, en aérant de temps en temps à l'aide d'une fourchette. Ajoutez le reste des ingrédients puis remuez.

**à table** en 30 minutes
**pour** 4 personnes **par portion** 10,5 g de lipides (dont 2,2 g d'acides gras saturés) ; 591 cal ; 64,2 g de glucides ; 57,4 g de protéines ; 2,7 g de fibres
**note** originaire du Maghreb, la harissa est une pâte confectionnée à base de piments rouges séchés, d'ail, d'huile d'olive et de graines de carvi, qui s'utilise pour assaisonner les viandes, les sauces et les vinaigrettes. Elle peut également être dégustée telle quelle en condiment.

# Brochettes de poulet à la mayonnaise à l'ail et au piment

500 g de chair de cuisses de poulet
1 c. à c. de zeste de citron vert finement râpé
60 ml de jus de citron vert
1 c. à s. d'huile d'olive
**mayonnaise à l'ail et au piment**
1 jaune d'œuf
2 gousses d'ail pilées
2 c. à s. de jus de citron vert
2 c. à s. de sauce aux piments doux
250 ml d'huile d'arachide
1 c. à s. de coriandre fraîche hachée

**1** Détaillez le poulet en cubes de 3 cm puis enfilez-les sur 8 brochettes. Mélangez le zeste et le jus de citron vert avec l'huile d'olive dans un plat peu profond, mettez-y les brochettes en les tournant pour bien les enrober. Couvrez et laissez reposer 10 minutes.
**2** Pendant ce temps, préparez la mayonnaise à l'ail et au piment.
**3** Faites cuire les brochettes, par petites quantités, sur une plaque à griller chaude et huilée (ou au gril ou au barbecue). Retournez-les et arrosez-les de marinade pendant la cuisson.
**4** Servez les brochettes avec la mayonnaise à l'ail et au piment.
**mayonnaise à l'ail et au piment** dans un robot, mixez le jaune d'œuf, l'ail, le jus de citron vert, la sauce aux piments doux jusqu'à obtention d'une pâte homogène. Ajoutez l'huile progressivement en un mince filet tout en continuant de mixer et battez jusqu'à épaississement. Incorporez la coriandre.

**à table** en 35 minutes
**pour** 4 personnes **par portion** 72,2 g de lipides (dont 14,2 g d'acides gras saturés) ; 748 cal ; 2,5 g de glucides ; 24,5 g de protéines ; 0,8 g de fibres
**conseil** faites tremper 8 brochettes en bambou dans de l'eau froide environ 30 minutes pour éviter qu'elles ne brûlent pendant la cuisson.

GRILLADES

# Poulet aux agrumes, orange et maïs grillés

4 escalopes de poulet (800 g)
160 ml de jus de citron
180 ml de jus d'orange
3 gousses d'ail pilées
1 c. à s. d'origan frais finement haché
1 c. à c. de cumin en poudre
1 petit piment rouge thaï frais finement émincé
1 c. à s. d'huile d'olive
3 épis de maïs parés (750 g), coupés en quatre
1 grosse orange (300 g) non épluchée, coupée en 8 quartiers
8 ciboules coupées en tronçons de 8 cm de long

**1** Dans un saladier de taille moyenne, mélangez le poulet, le jus de citron, le jus d'orange, l'ail, l'origan, le cumin, le piment et l'huile d'olive. Laissez mariner 10 minutes.
**2** Égouttez le poulet et réservez la marinade. Faites cuire le poulet sur une plaque à griller chaude et huilée (ou au gril ou au barbecue).
**3** Faites cuire le maïs, l'orange et les ciboules sur une plaque à griller chaude et huilée jusqu'à ce qu'ils soient tendres.
**4** Versez la marinade dans une petite casserole et portez à ébullition. Réduisez le feu et laissez mijoter 2 minutes sans couvrir.
**5** Servez le poulet accompagné du maïs, de l'orange et des ciboules, et agrémentez d'un filet de marinade.

**à table** en 35 minutes
**pour** 4 personnes **par portion** 11,1 g de lipides (dont 2 g d'acides gras saturés) ; 459 cal ; 32,5 g de glucides ; 52,5 g de protéines ; 8,2 g de fibres

## Poulet aux lentilles

12 filets de poulet (900 g)
2 c. à c. de cumin en poudre
2 c. à c. de coriandre en poudre
1 c. à c. de curcuma
300 g de lentilles rouges
1 gousse d'ail pilée
1 petit piment rouge thaï, épépiné et finement émincé
1 concombre libanais (130 g), épépiné et émincé
1 poivron rouge moyen (200 g), finement émincé
60 ml de jus de citron
2 c. à c. d'huile d'arachide
2 c. à s. de feuilles de coriandre fraîche, grossièrement ciselées
2 citrons verts coupés en quartiers

**1** Dans un saladier, mettez le poulet avec le cumin, la coriandre et le curcuma. Mélangez bien pour enrober le poulet d'épices.
**2** Faites cuire les lentilles dans un grand volume d'eau bouillante jusqu'à ce qu'elles soient tendres, salez 5 minutes avant la fin de la cuisson, puis égouttez-les. Rincez-les sous l'eau froide et égouttez-les de nouveau. Versez les lentilles dans un grand saladier et ajoutez l'ail, le piment, le concombre, le poivron, le jus de citron, l'huile et la coriandre fraîche.
**3** Pendant ce temps, faites griller le poulet, puis les quartiers de citrons verts.
**4** Servez le poulet avec la salade de lentilles et les quartiers de citron grillés.

**à table** en 25 minutes
**pour** 4 personnes **par portion** 9,1 g de lipides (dont 2 g d'acides gras saturés) ; 516 cal ; 31,6 g de glucides ; 70,2 g de protéines ; 11,7 g de fibres

# Ratatouille au poulet

4 escalopes de poulet (800 g)
1 c. à s. d'huile d'olive
1 oignon moyen (150 g) finement émincé
1 poivron jaune moyen (200 g) coupé en grosses lanières
1 poivron rouge moyen (200 g) coupé en grosses lanières
1 aubergine moyenne (300 g) coupée en gros morceaux
1 c. à s. de concentré de tomates
3 petites courgettes (270 g) coupées en gros morceaux
700 g de sauce tomate en bocal
125 ml de bouillon de poulet
80 g de basilic frais grossièrement haché
8 petites feuilles de basilic frais pour décorer

**1** À l'aide d'un attendrisseur à viande, aplatissez délicatement le poulet entre deux feuilles de film alimentaire jusqu'à ce qu'il fasse 2 cm d'épaisseur. Faites cuire le poulet sur une plaque à griller chaude et huilée (ou au gril ou au barbecue).
**2** Faites chauffer l'huile dans une casserole de taille moyenne puis faites-y revenir l'oignon, en remuant, jusqu'à ce qu'il soit tendre. Ajoutez les poivrons, l'aubergine et le concentré de tomates ; faites cuire 2 minutes en remuant. Ajoutez les courgettes et faites cuire 2 minutes de plus en remuant. Ajoutez la sauce tomate et le bouillon de poulet puis portez à ébullition. Réduisez le feu, couvrez et laissez mijoter 8 minutes, en remuant de temps en temps. Retirez le couvercle et laissez cuire 3 minutes. Enfin, ajoutez le basilic haché hors de feu.
**3** Servez le poulet accompagné de la ratatouille ; agrémentez de feuilles de basilic entières.

**à table** en 25 minutes
**pour** 4 personnes **par portion** 11,1 g de lipides (dont 2,1 g d'acides gras saturés) ; 426 cal ; 25,3 g de glucides ; 51,8 g de protéines ; 7,8 g de fibres

## Poulet yakitori

4 escalopes de poulet (800 g)
60 ml de mirin
125 ml de sauce de soja claire
10 g (2 cm) de gingembre frais râpé
2 gousses d'ail pilées
¼ de c. à c. de poivre noir moulu
1 c. à s. de sucre en poudre

**1** Découpez le poulet en morceaux de 2 cm. Mélangez-le avec tous les ingrédients dans un grand saladier. Laissez mariner 10 minutes.
**2** Égouttez le poulet au-dessus d'un petit bol et réservez la marinade. Enfilez les morceaux de poulet sur 12 brochettes.
**3** Faites cuire les brochettes sur une plaque à griller chaude et huilée (ou au gril ou au barbecue), en les badigeonnant de temps en temps avec le reste de la marinade au cours de la cuisson.

**à table** en 35 minutes
**pour** 4 personnes **par portion** 4,7 g de lipides (dont 1,2 g d'acides gras saturés) ; 263 cal ; 5,3 g de glucides ; 47,2 g de protéines ; 0,2 g de fibres
**note** le mirin est une sorte de vin de riz sucré utilisé dans de nombreuses recettes asiatiques, en particulier au Japon. Si vous préférez, vous pouvez remplacer le mirin par du xérès ou du vin blanc doux. Faites tremper 12 brochettes en bambou dans de l'eau froide 30 minutes environ avant utilisation afin d'éviter qu'elles ne brûlent pendant la cuisson.

… GRILLADES

# Poulet cajun et salsa à l'ananas

8 cuisses de poulet désossées (880 g)
1 c. à s. de paprika doux
1 c. à c. de poivre de Cayenne
2 c. à c. d'ail en poudre
2 c. à c. d'origan séché
1 c. à s. d'huile d'olive
**salsa à l'ananas**
4 tranches de poitrine fumée sans la couenne (250 g)
1 petit ananas (800 g), finement haché
1 petit piment rouge thaï frais, finement haché
10 g de persil plat grossièrement haché
1 poivron rouge moyen (200 g) grossièrement haché
60 ml de jus de citron vert
1 c. à c. d'huile d'olive

**1** Dans un grand récipient, mélangez le poulet, les épices, l'origan et l'huile d'olive.
**2** Préparez la sauce salsa à l'ananas.
**3** Faites cuire le poulet mariné sur une plaque à griller chaude et huilée (ou au gril ou au barbecue) jusqu'à ce que le poulet soit bien cuit et doré sur toutes ses faces.
**4** Servez le poulet avec la salsa à l'ananas et des quartiers de citron si vous le souhaitez.
**salsa à l'ananas** faites cuire les tranches de poitrine sur une plaque de cuisson chaude et huilée jusqu'à ce qu'elles soient croustillantes. Mettez-les dans un saladier avec le reste des ingrédients puis mélangez délicatement.

**à table** en 30 minutes
**pour** 4 personnes **par portion** 31,1 g de lipides (dont 9,7 g d'acides gras saturés) ; 550 cal ; 10,5 g de glucides ; 56,4 g de protéines ; 2,9 g de fibres

# Cuisses de poulet à la portugaise

6 cuisses de poulet désossées (660 g), coupées en deux
2 c. à c. de poivre noir écrasé
1 c. à c. d'origan séché
2 petits piments rouges thaïs frais, finement hachés
½ c. à c. de paprika fort
1 gousse d'ail pilée
60 ml de vinaigre de vin rouge
60 ml d'huile d'olive

**1** Dans un bol, mélangez le poivre, l'origan, les piments, le paprika, l'ail, le vinaigre et l'huile d'olive. Réservez environ un quart de ce mélange. Badigeonnez à la main les cuisses de poulet avec le restant de cette marinade épicée.
**2** Faites cuire les cuisses de poulet sur une plaque à griller chaude et huilée (ou au gril ou au barbecue) jusqu'à ce que la viande soit entièrement dorée et cuite.
**3** Servez le poulet agrémenté de la marinade réservée.

**à table** en 25 minutes
**pour** 4 personnes **par portion** 25,7 g de lipides (dont 5,6 g d'acides gras saturés) ; 356 cal ; 1 g de glucides ; 31 g de protéines ; 0,4 g de fibres

# Poulet au citron et salade de pousses d'épinards

12 filets de poulet (900 g)
2 c. à s. de jus de citron
1 c. à s. de thym frais
125 ml d'huile d'olive
100 g de pousses d'épinards
1 petit oignon rouge (100 g) finement émincé
250 g de tomates cerises coupées en deux
80 g de pousses de pois mange-tout
80 ml de vinaigre de vin rouge
½ c. à c. de moutarde de Dijon

**1** À l'aide d'un attendrisseur à viande, aplatissez délicatement les filets de poulet entre deux feuilles de film alimentaire.
**2** Dans un grand saladier, mélangez les filets, le jus de citron, le thym et 2 cuillerées à soupe d'huile d'olive.
**3** Faites cuire les filets de poulet sur une plaque à griller chaude et huilée (ou au gril ou au barbecue) jusqu'à ce qu'ils soient entièrement dorés et cuits.
**4** Dans un grand saladier, placez les épinards, l'oignon, les tomates et les pousses de pois mange-tout. Mélangez le reste d'huile d'olive, le vinaigre et la moutarde dans un shaker pour sauce à salade, refermez et secouez. Versez l'assaisonnement en filet sur la salade et remuez délicatement.
**5** Servez le poulet sur le lit de salade.

**à table** en 35 minutes
**pour** 4 personnes **par portion** 34 g de lipides (dont 5,4 g d'acides gras saturés) ; 557 cal ; 7,9 g de glucides ; 54 g de protéines ; 2,9 g de fibres

# Brochettes de poulet au sel et au poivre

800 g de chair de cuisses de poulet détaillée en gros cubes
1 c. à c. de grains de poivre du Sichuan pilés
½ c. à c. de cinq-épices en poudre
2 c. à c. de sel de mer
1 c. à s. de sauce d'huîtres
1 c. à c. de sauce de soja claire
1 c. à c. d'huile de sésame
600 g de mini bok choy coupés en quatre
1 c. à s. de coriandre fraîche ciselée

**1** Enfilez les cubes de poulet sur 12 brochettes. Mélangez le poivre, le cinq-épices et le sel dans un petit saladier. Pressez le poulet dans ce mélange pour qu'il s'incruste dans la chair.
**2** Faites cuire les brochettes sur une plaque à griller chaude et huilée (ou au gril ou au barbecue) jusqu'à ce que le poulet soit cuit à cœur et doré de toutes parts. Réservez au chaud.
**3** Mélangez la sauce d'huîtres et la sauce de soja claire. Faites chauffer l'huile dans un wok ou une grande poêle, versez les deux sauces mélangées et faites-y sauter le bok choy : il doit être juste flétri.
**4** Répartissez le bok choy dans les assiettes et posez les brochettes dessus. Parsemez le poulet de coriandre fraîche.

**à table** en 35 minutes
**pour** 4 personnes **par portion** 16 g de lipides (dont 4,6 g d'acides gras saturés) ; 316 cal ; 3,2 g de glucides ; 39,2 g de protéines ; 2,1 g de fibres
**conseil** faites tremper 12 brochettes en bambou dans de l'eau froide environ 30 minutes avant utilisation pour éviter qu'elles ne brûlent pendant la cuisson.

# Poulet aux pâtes et au pesto rouge

4 escalopes de poulet (800 g)
75 g de pesto rouge prêt à l'emploi
375 g de spaghettis
1 c. à s. d'huile d'olive
70 g de chapelure
25 g de ciboulette fraîche finement ciselée
2 c. à c. de moutarde à l'ancienne
125 ml de bouillon de poulet

**1** Badigeonnez le poulet avec la moitié du pesto.
**2** Faites cuire les spaghettis dans une grande casserole d'eau bouillante, sans couvrir, puis égouttez-les. Rincez-les sous l'eau froide et égouttez-les de nouveau.
**3** Pendant ce temps, faites cuire le poulet sur une plaque à griller chaude et huilée (ou au gril ou au barbecue). Couvrez-le pour le garder au chaud.
**4** Faites chauffer l'huile une grande casserole et faites-y dorer la chapelure en remuant. Ajoutez les spaghettis et le reste de pesto restant, la ciboulette, la moutarde et le bouillon de poulet. Faites cuire en remuant jusqu'à ce que le tout soit bien chaud.
**5** Servez les spaghettis avec le poulet coupé en tranches et des quartiers de tomates si vous le souhaitez.

**à table** en 35 minutes
**pour** 4 personnes **par portion** 14 g de lipides (dont 3,2 g d'acides gras saturés) ; 700 cal ; 78,6 g de glucides ; 60,5 g de protéines ; 6,1 g de fibres
**conseil** pour cette recette, nous utilisons du pesto aux poivrons séchés, mais vous pouvez utiliser n'importe quel pesto « rouge », comme le pesto à la tomate.

GRILLADES

# Poulet au vinaigre balsamique et pommes de terre au romarin

6 cuisses de poulet désossées (660 g)
60 ml de vinaigre balsamique
60 ml d'huile d'olive
2 c. à s. de romarin frais
700 g de pommes de terre coupées en dés de 2 cm
6 courgettes moyennes (720 g) coupées en grosses rondelles

**1** Dans un saladier, mélangez le poulet, le vinaigre, 2 cuillerées à soupe d'huile d'olive et la moitié du romarin.
**2** Faites cuire les pommes de terre à l'eau, à la vapeur ou au micro-ondes puis égouttez-les. Elles doivent rester légèrement fermes.
**3** Égouttez le poulet et réservez la marinade. Faites cuire le poulet sur une plaque à griller chaude et huilée (ou au gril ou au barbecue).
**4** Dans un saladier, ajoutez le reste de romarin et d'huile d'olive aux pommes de terre. Faites griller les pommes de terre sur une plaque de cuisson chaude et huilée, sans couvrir.
**5** Faites cuire les courgettes sur une plaque de cuisson chaude et huilée, sans couvrir, en les badigeonnant de marinade jusqu'à ce qu'elles soient légèrement dorées.
**6** Coupez les cuisses de poulet en deux. Servez-les avec les pommes de terre et les courgettes.

**à table** en 30 minutes
**pour** 4 personnes **par portion** 26,3 g de lipides (dont 5,6 g d'acides gras saturés) ; 497 cal ; 28,8 g de glucides ; 37,1 g de protéines ; 5,7 g de fibres

# Brochettes de poulet et salsa à la papaye

12 filets de poulet (900 g)
1 petite papaye (650 g) épépinée et coupée en petits morceaux
4 ciboules finement émincées
1 concombre libanais (130 g) épépiné et coupé en gros morceaux
40 g de menthe fraîche grossièrement hachée
10 g (2 cm) de gingembre frais râpé
1 c. à s. de sauce aux piments doux
2 c. à s. de jus de citron vert

**1** Enfilez le poulet sur 12 brochettes.
**2** Faites cuire les brochettes sur une plaque à griller chaude et huilée (ou au gril ou au barbecue) jusqu'à ce qu'elles soient entièrement dorées et cuites.
**3** Pendant ce temps, dans un petit saladier, préparez la salsa en mélangeant la papaye, les ciboules, le concombre, la menthe, le gingembre, la sauce aux piments doux et le jus de citron vert.
**4** Servez les brochettes recouvertes de salsa.

**à table** en 25 minutes
**pour** 4 personnes **par portion** 5,6 g de lipides (dont 1,4 g d'acides gras saturés) ; 301 cal ; 10,2 g de glucides ; 52 g de protéines ; 3,8 g de fibres
**conseils** faites tremper 12 brochettes en bambou dans de l'eau 30 minutes environ avant utilisation afin d'éviter qu'elles ne brûlent durant la cuisson. Si vous le souhaitez, vous pouvez remplacer la papaye par de la mangue.

# Poulet aux piments et au couscous

4 escalopes de poulet (800 g)
80 ml de marinade à la marocaine toute prête
500 ml de bouillon de légumes
400 g de couscous
20 g de beurre
1 petit oignon rouge (100 g) finement émincé
2 petits piments rouges thaïs frais finement émincés
110 g de pruneaux dénoyautés, coupés en gros morceaux
45 g d'amandes effilées et grillées
40 g de menthe fraîche grossièrement hachée
45 g de citrons confits émincés

**1** Dans un grand saladier, mélangez le poulet et la marinade. Laissez reposer 10 minutes.
**2** Pendant ce temps, portez le bouillon de légumes à ébullition dans une casserole. Retirez du feu et ajoutez le couscous et le beurre. Couvrez et laissez reposer 5 minutes jusqu'à ce que le liquide soit absorbé. Aérez le couscous de temps en temps à la fourchette. Ensuite, ajoutez le reste des ingrédients.
**3** Faites cuire le poulet sur une plaque à griller chaude et huilée (ou au gril ou au barbecue). Coupez les escalopes de poulet grillées en tranches épaisses.
**4** Servez le poulet accompagné du couscous.

**à table** en 30 minutes
**pour** 4 personnes **par portion** 23,5 g de lipides (dont 5,4 g d'acides gras saturés) ; 851 cal ; 90,6 g de glucides ; 64,2 g de protéines ; 7,5 g de fibres
**note** la marinade à la marocaine est un mélange d'ail, de poivrons, de piments, de citron et de différentes épices, conditionné en bocal. On la trouve en supermarché. Les citrons confits (citrons salés conservés dans un mélange d'huile d'olive et de jus de citron) sont une spécialité maghrébine et sont généralement utilisés dans les ragoûts et les tagines pour leur donner une pointe d'acidité salée et aigre. On les trouve dans certains magasins d'alimentation et épiceries fines. Rincez soigneusement les citrons confits sous l'eau froide, retirez la pulpe et émincez finement l'écorce.

# Poulet grillé au cinq-épices

750 g de filet de poulet
1 c. à c. d'huile d'arachide
1 ½ c. à c. de cinq-épices en poudre
2 gousses d'ail pilées
300 g de jeunes épis de maïs
500 g d'asperges
1 poivron rouge moyen (200 g) émincé
10 g de feuilles de persil plat ciselées

**1** Mélangez l'huile, le cinq-épices et l'ail dans un saladier. Enrobez le poulet de cette marinade.
**2** Faites cuire les filets de poulet sur une plaque à griller chaude et huilée (ou au gril ou au barbecue).
**3** Pendant la cuisson du poulet, coupez les épis de maïs en deux. Cassez l'extrémité ligneuse des asperges, puis détaillez-les en tronçons de la même longueur que les épis de maïs.
**4** Huilez légèrement puis préchauffez un wok pour y faire sauter le maïs, les asperges et le poivron.
**5** Retirez le wok du feu, parsemez les légumes de persil puis répartissez-les dans les assiettes. Ajoutez le poulet puis servez.

**à table** en 35 minutes
**pour** 4 personnes **par portion** 6,8 g de lipides (dont 1,4 g d'acides gras saturés) ; 404 cal ; 30,7 g de glucides ; 51 g de protéines ; 6,7 g de fibres

# Ailes de poulet et salade de mangues vertes

16 ailes de poulet (1,5 kg)
20 g de citronnelle (tige de 10 cm) finement émincée
1 piment vert long, finement émincé
3 gousses d'ail pilées
10 feuilles de combava fraîches, finement hachées
2 petites mangues vertes (600 g)
1 grosse carotte (180 g)
1 concombre libanais (130 g)
1 poivron rouge moyen (200 g) coupé en fines lamelles
2 ciboules coupées en fins tronçons
**sauce aigre-douce**
2 c. à s. de nuoc-mâm
2 c. à s. de jus de citron vert
2 c. à s. de sucre de palme râpé
1 c. à s. de vinaigre blanc
1 c. à s. d'eau

**1** Préparez la sauce aigre-douce.
**2** Dans un saladier, mélangez les ailes de poulet, la citronnelle, le piment, l'ail, la moitié des feuilles de combava et 2 cuillerées à soupe de sauce aigre-douce. Laissez mariner 10 minutes.
**3** Pendant ce temps, à l'aide d'un économe, découpez les mangues, la carotte et le concombre en fins copeaux. Placez-les dans un saladier avec le poivron, le reste des feuilles de combava et de la sauce aigre-douce. Remuez délicatement pour obtenir un mélange homogène.
**4** Égouttez le poulet et jetez la marinade. Faites cuire le poulet sur une plaque à griller chaude et huilée (ou au gril ou au barbecue).
**5** Servez le poulet accompagné de la salade et parsemez de ciboules.
**sauce aigre-douce** mettez les ingrédients dans un shaker pour sauce à salade, refermez et secouez énergiquement.

**à table** en 35 minutes
**pour** 4 personnes **par portion** 13 g de lipides (dont 4,1 g d'acides gras saturés) ; 459 cal ; 25,3 g de glucides ; 54,7 g de protéines ; 4,3 g de fibres

# Salade de poulet tandoori

750 g de filet de poulet
140 g de yaourt
1 ½ c. à s. de pâte tandoori
200 g de yaourt supplémentaire
30 g de feuilles de menthe finement hachées
250 g de mesclun
4 grosses tomates roma (360 g) coupées en morceaux
2 concombres libanais (260 g) coupés en morceaux

**1** Dans un grand saladier, mélangez le poulet, le yaourt et la pâte tandoori.
**2** Faites cuire le poulet sur une plaque à griller chaude et huilée (ou au gril ou au barbecue).
**3** Dans un petit bol, mélangez le yaourt supplémentaire et la menthe.
**4** Répartissez le mesclun dans les assiettes, recouvrez de morceaux de tomates, de concombre et de poulet. Servez, agrémenté de sauce au yaourt à la menthe.

**à table** en 20 minutes
**pour** 4 personnes **par portion** 16,3 g de lipides (dont 5,3 g d'acides gras saturés) ; 390 cal ; 11,9 g de glucides ; 46,9 g de protéines ; 4,4 g de fibres

GRILLADES

# Poulet et riz à la thaïlandaise

4 escalopes de poulet (800 g)
400 g de riz blanc à longs grains
40 g de feuilles de menthe fraîches
80 ml de sauce aux piments doux
1 c. à s. de nuoc-mâm
1 c. à s. de sauce de soja
125 ml de jus de citron vert
10 g (2 cm) de gingembre frais râpé
20 g de citronnelle fraîche grossièrement ciselée
1 petit poivron rouge (150 g) finement émincé

**1** Faites cuire le riz dans une grande casserole d'eau bouillante, sans couvrir, puis égouttez-le.
**2** Réservez 2 cuillerées à soupe de menthe. Mélangez ou mixez le reste de la menthe, le nuoc-mâm, la sauce de soja, le jus de citron vert, le gingembre et la citronnelle jusqu'à ce que le mélange soit lisse.
**3** Faites cuire le poulet sur une plaque à griller chaude et huilée (ou au gril ou au barbecue).
**4** Ajoutez le poivron au riz puis répartissez-le dans des assiettes. Recouvrez de poulet. Agrémentez de sauce à la menthe puis parsemez le tout avec les feuilles de menthe restantes grossièrement ciselées.

**à table** en 20 minutes
**pour** 4 personnes **par portion** 5,4 g de lipides (dont 1,3 g d'acides gras saturés) ; 539 cal ; 66,9 g de glucides ; 52,6 g de protéines ; 3,3 g de fibres

# Poulet sur la salade de lentilles chaudes

4 escalopes de poulet (800 g)
2 c. à c. d'huile d'olive
1 petit oignon (80 g) finement émincé
2 tranches de bacon découenné (125 g), coupées en fines lamelles
2 gousses d'ail pilées
60 ml de vin blanc sec
60 ml de bouillon de poulet
800 g de lentilles en boîte, égouttées
250 g de tomates cerises coupées en quatre
40 g de feuilles de persil plat

**1** Découpez chaque escalope en deux dans le sens de l'épaisseur. Faites-les cuire sur une plaque à griller chaude et huilée (ou au gril ou au barbecue). Couvrez pour garder au chaud.
**2** Faites chauffer l'huile d'olive dans une casserole et faites-y revenir l'oignon, le bacon et l'ail en remuant jusqu'à ce que le bacon soit doré et l'oignon tendre.
**3** Ajoutez le vin et faites chauffer jusqu'à ce qu'il soit presque entièrement évaporé. Ajoutez le bouillon de poulet et les lentilles. Faites cuire jusqu'à ce que les lentilles soient chaudes et le bouillon ait réduit de moitié. Retirez du feu, ajoutez les tomates et le persil, puis remuez délicatement.
**4** Servez le poulet avec la salade de lentilles chaudes.

**à table** en 25 minutes
**pour** 4 personnes **par portion** 12,8 g de lipides (dont 3,5 g d'acides gras saturés) ; 426 cal ; 12 g de glucides ; 60,2 g de protéines ; 5,4 g de fibres

GRILLADES

# Poulet au chutney à la mangue

4 escalopes de poulet (800 g)
2 c. à s. d'huile d'olive
2 c. à c. de zeste de citron finement râpé
60 ml de jus de citron
2 c. à s. de chutney à la mangue
2 c. à s. de menthe fraîche hachée

**1** Dans un saladier, mélangez le poulet avec l'huile d'olive, le zeste et le jus de citron, le chutney à la mangue et la menthe. Couvrez et laissez mariner 10 minutes.
**2** Égouttez le poulet et réservez la marinade. Faites cuire le poulet sur une plaque à griller chaude et huilée (ou au gril ou au barbecue). Badigeonnez de temps en temps de marinade pendant la cuisson du poulet.

**à table** en 35 minutes
**pour** 4 personnes **par portion** 13,8 g de lipides (dont 2,5 g d'acides gras saturés) ; 332 cal ; 5,9 g de glucides ; 45,4 g de protéines ; 0,5 g de fibres

# Poulet grillé au bok choy et aux champignons

4 escalopes de poulet (800 g)
2 c. à s. de miel
80 ml de sauce de soja
2 c. à s. de xérès sec
1 c. à c. de cinq-épices en poudre
20 g (4 cm) de gingembre frais râpé
1 c. à s. d'huile d'arachide
4 gros champignons de Paris
500 g de bok choy coupé en quatre
250 ml de bouillon de poulet
2 c. à c. de farine de maïs
2 c. à s. d'eau

**1** Mélangez le miel, la sauce de soja, le xérès, le cinq-épices, le gingembre et l'huile d'arachide dans un bol.
**2** Mettez le poulet dans un saladier avec la moitié de ce mélange, couvrez et laissez mariner 10 minutes au réfrigérateur.
**3** Huilez légèrement une plaque à griller et faites cuire les champignons et le bok choy en plusieurs fois jusqu'à ce qu'ils soient bien dorés et tendres.
**4** Égouttez le poulet et faites-le cuire sur la même plaque. Couvrez-le ensuite et laissez-le reposer 5 minutes puis découpez-le en tranches épaisses.
**5** Mettez le reste du mélange au miel et le bouillon de poulet dans une casserole. Portez à ébullition. Ajoutez la farine de maïs et l'eau puis faites épaissir à feu moyen sans cesser de remuer.
**6** Répartissez le poulet, les champignons et le bok choy dans les assiettes, nappez de sauce et servez aussitôt.

**à table** en 35 minutes
**pour** 4 personnes **par portion** 9,6 g de lipides (dont 2,2 g d'acides gras saturés) ; 381 cal ; 16,2 g de glucides ; 51,7 g de protéines ; 4 g de fibres

# Poulet et salade de tomates chaudes

4 escalopes de poulet (800 g)
2 c. à s. de jus de citron vert
60 ml de sauce aux piments doux
2 gousses d'ail pilées
4 feuilles de combava fraîches, déchirées
20 g de beurre
2 oignons moyens (300 g), grossièrement émincés
2 c. à s. de vinaigre de vin rouge
55 g de sucre en poudre
2 c. à s. de sauce aux piments doux supplémentaire
60 ml d'eau
60 ml de jus d'orange
6 tomates roma moyennes (450 g) coupées en morceaux
1 c. à s. de piments jalapeño en bocal, émincés
3 ciboules coupées en gros tronçons

**1** Dans un grand saladier, mélangez les escalopes de poulet, le jus de citron vert, la sauce aux piments doux, l'ail et les feuilles de combava.
**2** Faites chauffer le beurre dans une grande casserole et faites-y revenir les oignons en remuant jusqu'à ce qu'ils soient tout juste tendres. Ajoutez le vinaigre et le sucre puis remuez pendant 2 minutes. Versez la sauce aux piments doux supplémentaire, l'eau et le jus d'orange. Ajoutez les tomates et les piments puis remuez jusqu'à ce que le tout soit bien chaud.
**3** Égouttez les escalopes de poulet et faites-les cuire sur une plaque à griller chaude et huilée (ou au gril ou au barbecue). Découpez-les ensuite en tranches épaisses.
**4** Servez le poulet sur sa salade de tomates chaudes et parsemez de tronçons de ciboules.

**à table** en 30 minutes
**pour** 4 personnes **par portion** 9,7 g de lipides (dont 4 g d'acides gras saturés) ; 399 cal ; 27,2 g de glucides ; 48,1 g de protéines ; 4,3 g de fibres

# Brochettes de poulet aux herbes et aux noix de pécan

1 kg d'escalopes de poulet coupées en petits morceaux
35 g de ciboulette fraîche hachée
15 g d'origan frais finement haché
10 g de marjolaine fraîche hachée
4 gousses d'ail pilées
1 c. à s. de poivre
2 c. à s. de bouillon de poulet
30 g de noix de pécan grillées

**1** Enfilez les morceaux de poulet sur 12 brochettes.
**2** Mélangez la ciboulette, l'origan, la marjolaine, l'ail, le poivre et le bouillon de poulet dans un plat à four peu profond. Posez les brochettes dedans, et enrobez bien le poulet de ce mélange.
**3** Faites dorer les brochettes en plusieurs fournées sur une plaque à griller huilée (ou au gril ou au barbecue).
**4** Servez avec des noix de pécan et de la salade verte.

**à table** en 35 minutes
**pour** 6 personnes **par portion** 7,5 g de lipides (dont 1,2 g d'acides gras saturés) ; 227 cal ; 0,6 g de glucides ; 38,4 g de protéines ; 0,9 g de fibres
**conseil** faites tremper les 12 brochettes en bambou dans de l'eau froide au moins 30 minutes pour éviter qu'elles ne brûlent pendant la cuisson.

GRILLADES

# Pitas garnis au poulet et au concombre mariné

2 escalopes de poulet (400 g)
1 concombre moyen (170 g)
2 c. à s. de vinaigre de cidre
2 c. à c. de sucre en poudre
1 petit piment rouge thaï frais, finement émincé
1 c. à c. de sauce de soja
1 petite laitue
4 pitas à garnir

**1** Coupez le concombre en longues lamelles fines à l'aide d'un économe. Placez-les dans un saladier de taille moyenne avec le vinaigre, le sucre, le piment et la sauce de soja. Laissez mariner 10 minutes.
**2** Pendant ce temps, faites cuire les escalopes de poulet sur une plaque à griller chaude et huilée (ou au gril ou au barbecue). Coupez-les ensuite en tranches fines.
**3** Garnissez les pitas de poulet, de concombre mariné et de feuilles de salade, puis servez.

**à table** en 35 minutes
**pour** 4 personnes **par portion** 4,3 g de lipides (dont 0,8 g d'acides gras saturés) ; 347 cal ; 43,6 g de glucides ; 31 g de protéines ; 3,4 g de fibres

# Poulet à la moutarde et aux agrumes grillés

4 escalopes de poulet (800 g)
2 c. à s. d'huile d'olive
2 c. à s. de moutarde de Dijon
2 c. à s. de feuilles de thym citronné fraîches
2 citrons moyens (280 g)
2 citrons verts
60 g de moutarde de Dijon supplémentaire

**1** Mélangez le poulet, l'huile d'olive, la moutarde et la moitié du thym dans un saladier. Laissez reposer 10 minutes.
**2** Égouttez le poulet, réservez la marinade. Faites-le cuire sur une plaque à griller chaude et huilée. Pendant la cuisson, badigeonnez le poulet avec la marinade réservée. Couvrez-le pour le garder au chaud puis coupez-le en morceaux.
**3** Coupez les citrons en 6 quartiers et les citrons verts en quatre. Faites-les dorer des deux côtés sur une plaque à griller chaude et huilée.
**4** Mélangez la moutarde supplémentaire et le reste du thym dans un bol.
**5** Servez le poulet avec les quartiers d'agrumes grillés et la moutarde au thym.

**à table** en 35 minutes
**pour** 4 personnes **par portion** 14,4 g de lipides (dont 2,5 g d'acides gras saturés) ; 330 cal ; 2,3 g de glucides ; 46,7 g de protéines ; 2,4 g de fibres

GRILLADES

# Poulet tikka au raïta au concombre et à la menthe

1 kg d'escalopes de poulet
150 g de pâte tikka
**raïta au concombre et à la menthe**
200 g de yaourt
1 concombre libanais (130 g), épluché, épépiné et finement émincé
2 c. à s. de menthe fraîche finement ciselée
1 c. à c. de cumin en poudre

**1** Dans un grand saladier, mélangez les escalopes de poulet et la pâte tikka.
**2** Préparez le raïta au concombre et à la menthe.
**3** Faites cuire les escalopes de poulet sur une plaque à griller chaude et huilée (ou au gril ou au barbecue) puis coupez-les en tranches fines.
**4** Servez les escalopes de poulet accompagnées de raïta au concombre et à la menthe, sur un lit de chou finement haché si vous le souhaitez.
**raïta au concombre et à la menthe** mélangez les ingrédients dans un grand bol.

**à table** en 25 minutes
**pour** 6 personnes **par portion** 12,8 g de lipides (dont 2,5 g d'acides gras saturés) ; 300 cal ; 4 g de glucides ; 40,7 g de protéines ; 2,9 g de fibres

# Poulet au sumac et au paprika et salade d'herbes

8 filets de poulet (600 g)
2 gousses d'ail pilées
2 c. à c. de paprika doux
2 c. à s. de sumac
2 c. à c. d'origan frais finement haché
2 c. à s. d'eau
1 c. à c. d'huile végétale
200 g de persil plat grossièrement haché
80 g de coriandre fraîche grossièrement hachée
40 g de menthe fraîche grossièrement hachée
4 tomates moyennes (600 g) coupées en gros morceaux
1 oignon rouge moyen (170 g) coupé en gros morceaux
80 ml de jus de citron
1 c. à s. d'huile d'olive

**1** Enfilez les filets de poulet sur des brochettes. Avec les doigts, badigeonnez-les d'un mélange d'ail, de paprika, de sumac, d'origan, d'eau et d'huile végétale.
**2** Faites cuire les brochettes sur une plaque à griller chaude et huilée (ou au gril ou au barbecue).
**3** Dans un saladier, placez les herbes, les tomates et l'oignon avec le jus de citron et l'huile d'olive. Remuez délicatement pour obtenir un mélange homogène. Servez les brochettes accompagnées de la salade aux herbes aromatiques.

**à table** en 35 minutes
**pour** 4 personnes **par portion** 9,6 g de lipides (dont 1,7 g d'acides gras saturés) ; 274 cal ; 6,6 g de glucides ; 37,5 g de protéines ; 5,2 g de fibres
**conseil** faites tremper les 8 brochettes en bambou dans de l'eau pendant 30 minutes environ avant utilisation afin d'éviter qu'elles ne brûlent durant la cuisson.

salades

# Salade grecque au poulet fumé

400 g de blanc de poulet fumé, coupé en petits morceaux
1 petit oignon rouge (100 g) finement émincé
200 g de feta émiettée
250 g de tomates raisins
200 g de jeunes pousses d'épinards
110 g d'olives de Kalamata dénoyautées
1 poivron rouge moyen (200 g) finement émincé
**assaisonnement**
80 ml d'huile d'olive
60 ml de jus de citron
1 gousse d'ail pilée

**1** Dans un grand saladier, mélangez l'oignon, la feta, les tomates, le poulet, les épinards, les olives et le poivron.
**2** Préparez l'assaisonnement puis versez-le en filet sur la salade. Remuez délicatement.
**assaisonnement** mettez les ingrédients dans un shaker pour sauce à salade, refermez et secouez énergiquement.

**à table** en 20 minutes
**pour** 4 personnes **par portion** 37,5 g de lipides (dont 12,3 g d'acides gras saturés) ; 533 cal ; 11,5 g de glucides ; 36,4 g de protéines ; 3,6 g de fibres
**note** le blanc de poulet fumé peut avoir une couleur légèrement rosée, comme le bacon ou le jambon. Cela ne veut pas dire que sa cuisson est insuffisante.

# Salade de poulet au miel pimenté

3 escalopes de poulet (600 g) émincées
90 g de miel
4 petits piments rouges frais, épépinés et émincés
20 g (4 cm) de gingembre frais râpé
500 g d'asperges vertes parées
2 c. à s. d'huile d'arachide
4 ciboules finement émincées
1 poivron vert moyen (200 g) émincé
1 poivron jaune moyen (200 g) émincé
1 carotte moyenne (120 g) émincée
¼ de chou chinois moyen (150 g) émincé
80 ml de jus de citron vert

**1** Mélangez le poulet, le miel, les piments et le gingembre dans un saladier.
**2** Coupez les asperges en deux et faites-les cuire à l'eau ou à la vapeur. Rafraîchissez-les immédiatement à l'eau froide puis égouttez-les.
**3** Pendant la cuisson des asperges, faites chauffer la moitié de l'huile dans un wok ou une grande poêle et faites-y sauter le poulet jusqu'à ce qu'il soit doré de toutes parts. Procédez en plusieurs fois.
**4** Transférez le poulet dans un grand saladier. Ajoutez les asperges, les ciboules, les deux poivrons, la carotte, le chou, le jus de citron et le reste d'huile. Mélangez délicatement le tout.

**à table** en 25 minutes
**pour** 4 personnes **par portion** 12,8 g de lipides (dont 2,5 g d'acides gras saturés) ; 376 cal ; 24,5 g de glucides ; 38,4 g de protéines ; 3,7 g de fibres

SALADES

# Salade de poulet à l'américaine

3 escalopes de poulet (600 g)
375 ml de bouillon de poulet
125 ml d'eau
½ baguette coupée en tranches fines
2 c. à s. d'huile végétale
225 g de mayonnaise
120 g de crème aigre
2 c. à s. de jus de citron
3 branches de céleri parées (300 g), finement émincées
1 oignon sec blanc moyen (150 g), finement émincé
110 g de cornichons à l'aneth finement émincés
2 c. à s. de persil plat frais finement haché
1 c. à s. d'estragon frais finement haché
1 grosse laitue, feuilles séparées

**1** Dans une casserole, portez à ébullition le bouillon de poulet et l'eau. Ajoutez le poulet et faites-le pocher 10 minutes environ en couvrant partiellement, et remuez une fois. Retirez le poulet. Laissez-le refroidir 10 minutes avant de le couper en tranches.
**2** Pendant ce temps, badigeonnez les tranches de pain d'huile puis faites-les griller.
**3** Fouettez la mayonnaise, la crème aigre et le jus de citron dans un petit bol jusqu'à obtenir un mélange homogène.
**4** Dans un saladier, mélangez délicatement le poulet, le céleri, l'oignon, les cornichons et les herbes.
**5** Servez le tout disposé sur des feuilles de salade, accompagné de tranches de pain grillé et agrémenté d'un filet d'assaisonnement à la mayonnaise.

**à table** en 35 minutes
**pour** 4 personnes **par portion** 15,7 g de lipides (dont 3,4 g d'acides gras saturés) ; 392 cal ; 7,1 g de glucides ; 53,8 g de protéines ; 3,8 g de fibres

# Salade de poulet au fenouil et à l'orange

3 escalopes de poulet (600 g) émincées
30 g de beurre
1 gros bulbe de fenouil (550 g) émincé
60 g d'olives noires dénoyautées, coupées en quatre
3 ciboules grossièrement émincées
2 oranges moyennes (480 g) détaillées en quartiers
80 g de roquette
**vinaigrette à l'orange**
125 ml de jus d'orange
2 c. à s. de vinaigre de vin rouge
2 c. à s. d'huile d'olive
½ c. à c. de sucre en poudre

**1** Faites chauffer le beurre dans une grande poêle. Faites-y revenir le poulet en remuant jusqu'à ce qu'il soit tendre et bien doré, puis égouttez-le sur du papier absorbant.
**2** Préparez la vinaigrette à l'orange.
**3** Transférez le poulet dans un grand saladier. Ajoutez le fenouil, les olives, les ciboules, les quartiers d'orange, la roquette, puis versez la vinaigrette. Mélangez délicatement.
**vinaigrette à l'orange** versez tous les ingrédients dans un shaker pour sauce à salade, refermez et secouez.

**à table** en 25 minutes
**pour** 4 personnes **par portion** 19,2 g de lipides (dont 6,3 g d'acides gras saturés) ; 394 cal ; 16,4 g de glucides ; 36,6 g de protéines ; 4,6 g de fibres

SALADES

# Salade de poulet au pesto

4 escalopes de poulet (800 g)
90 g de pesto au basilic prêt à l'emploi
2 c. à s. de vinaigre balsamique
6 tomates olivettes moyennes (450 g), coupées en deux
125 g de roquette
1 c. à s. d'huile d'olive

**1** Mélangez le pesto et le vinaigre dans un petit saladier.
**2** Placez les escalopes de poulet et les tomates sur un grand plat puis badigeonnez-les de pesto au vinaigre.
**3** Faites cuire les tomates sur une plaque à griller chaude et huilée (ou au gril ou au barbecue) jusqu'à ce qu'elles soient juste tendres. Réservez-les.
**4** Ensuite, faites griller les escalopes de poulet sur la même plaque. Laissez-les refroidir 5 minutes puis découpez-les en tranches épaisses.
**5** Transférez les tomates et les escalopes de poulet dans un grand saladier, ajoutez la roquette, arrosez d'un filet d'huile d'olive et mélangez délicatement.

**à table** en 20 minutes
**pour** 4 personnes **par portion** 18,4 g de lipides (dont 3,8 g d'acides gras saturés) ; 382 cal ; 3,5 g de glucides ; 49,3 g de protéines ; 2,3 g de fibres
**conseil** vous pouvez remplacer la roquette par du mesclun.

# Salade vietnamienne au poulet

3 escalopes de poulet (600 g)
1 grosse carotte (180 g)
125 ml de vinaigre de vin de riz
2 c. à c. de sel
2 c. à s. de sucre en poudre
1 oignon blanc moyen (150 g) finement émincé
120 g de germes de soja
160 g de chou de Milan finement haché
20 g de feuilles de menthe vietnamienne fraîches
30 g de coriandre fraîche
1 c. à s. de cacahuètes grillées et concassées

**sauce vietnamienne**
2 c. à s. de nuoc-mâm
60 ml d'eau
2 c. à s. de sucre en poudre
2 c. à s. de jus de citron vert
1 gousse d'ail pilée

**1** Plongez le poulet dans une casserole d'eau bouillante. Laissez reprendre l'ébullition. Réduisez le feu et laissez mijoter 10 minutes, sans couvrir, jusqu'à ce que le poulet soit entièrement cuit. Laissez-le refroidir 10 minutes dans le liquide puis jetez ce dernier. Émiettez grossièrement le poulet.
**2** Pendant ce temps, détaillez la carotte en allumettes. Mélangez la carotte avec le vinaigre, le sel et le sucre dans un grand saladier, couvrez et laissez mariner 3 minutes. Égouttez les légumes marinés et jetez la marinade.
**3** Placez le poulet dans un grand saladier avec le chou et les herbes aromatiques.
**4** Préparez la sauce vietnamienne, puis versez-la sur la salade et mélangez. Parsemez de cacahuètes.
**sauce vietnamienne** mettez les ingrédients dans un shaker pour sauce à salade, refermez et secouez.

**à table** en 35 minutes
**pour** 4 personnes **par portion** 5,3 g de lipides (dont 1,1 g d'acides gras saturés) ; 312 cal ; 24,5 g de glucides ; 38,4 g de protéines ; 4,9 g de fibres

# Salade de poulet au miel et à la sauce de soja

3 escalopes de poulet (600 g) coupées en tranches fines
2 c. à s. de sauce de soja
115 g de miel
1 gousse d'ail pilée
4 petits piments rouges thaïs frais finement émincés
300 g de pois mange-tout
1 petite carotte (70 g)
1 c. à s. d'huile d'arachide
¼ de chou de Milan (160 g) finement haché
1 poivron jaune moyen (200 g) coupé en fines lamelles
1 poivron rouge moyen (200 g) coupé en fines lamelles
1 concombre libanais (130 g) épépiné et coupé en tranches fines
4 ciboules finement émincées
40 g de feuilles de menthe fraîche
2 c. à s. de jus de citron vert
2 c. à c. d'huile de sésame

**1** Dans un saladier, mélangez le poulet, la sauce de soja, le miel, l'ail et la moitié des piments. Couvrez et placez au réfrigérateur.
**2** Pendant ce temps, faites cuire les pois mange-tout à l'eau, à la vapeur ou au micro-ondes puis égouttez-les. Rincez-les immédiatement sous l'eau froide puis égouttez-les de nouveau. À l'aide d'un économe, découpez les carottes en fins copeaux.
**3** Faites chauffer l'huile d'arachide dans une grande poêle. Égouttez le poulet et faites-le cuire en plusieurs fois jusqu'à ce qu'il soit bien doré.
**4** Placez le poulet, les pois mange-tout et la carotte dans un grand saladier avec les ingrédients restants et le reste des piments. Remuez délicatement.

**à table** en 35 minutes
**pour** 4 personnes **par portion** 10,8 g de lipides (dont 2,1 g d'acides gras saturés) ; 407 cal ; 31,2 g de glucides ; 39,6 g de protéines ; 5,9 g de fibres

# Salade de poulet à l'halloumi et au pain pide

500 g de filet de poulet détaillé en lamelles
300 g d'antipasti de légumes
2 c. à s. de pignons de pin
½ pain pide long
250 g d'halloumi
200 g de jeunes pousses de roquette
170 g de cœurs d'artichauts marinés, égouttés et coupés en quatre
250 g de tomates cerises
60 ml de vinaigre balsamique

**1** Égouttez les antipasti de légumes marinés au-dessus d'un petit saladier. Réservez 80 ml de leur huile. Émincez finement les légumes.
**2** Faites chauffer 1 cuillerée à soupe de l'huile réservée dans un wok ou une grande poêle et faites-y sauter le poulet jusqu'à ce qu'il soit doré de toutes parts. Réservez au chaud. Faites légèrement dorer les pignons dans le wok et réservez-les.
**3** Préchauffez le gril. Coupez le pain en tranches de 1 cm d'épaisseur et faites-les griller des deux côtés.
**4** Coupez l'halloumi en 16 tranches. Faites chauffer dans le wok 1 cuillerée à soupe de l'huile réservée et faites-y dorer l'halloumi des deux côtés. Procédez en plusieurs fois.
**5** Mettez les légumes marinés, le poulet, le pain et l'halloumi dans un grand saladier. Ajoutez la roquette, les cœurs d'artichauts et les tomates. Mélangez le reste de l'huile réservée et le vinaigre. Arrosez la salade de cet assaisonnement et parsemez-la de pignons de pin.

**à table** en 25 minutes
**pour** 4 personnes **par portion** 29,5 g de lipides (dont 9,3 g d'acides gras saturés) ; 597 cal ; 30,6 g de glucides ; 50,6 g de protéines ; 3,5 g de fibres
**conseil** s'il y a moins de 80 ml d'huile des antipasti, complétez avec de l'huile d'olive.

# Salade de poulet au couscous

800 g de filet de poulet coupé en gros morceaux
1 c. à s. d'huile d'olive
160 ml de bouillon de poulet
20 g de beurre
130 g de couscous
2 c. à c. de zeste de citron finement râpé
90 g de pesto aux tomates séchées en bocal
2 c. à s. de jus de citron
250 g de jeunes pousses de roquette

**1** Faites chauffer l'huile dans une grande poêle puis faites-y cuire le poulet en plusieurs fois.
**2** Dans une casserole, portez le bouillon de poulet à ébullition. Ajoutez le beurre, le couscous et le zeste de citron. Retirez du feu. Couvrez et laissez reposer 5 minutes ou jusqu'à ce que le liquide soit absorbé, en aérant le couscous de temps en temps à l'aide d'une fourchette.
**3** Fouettez le pesto avec le jus de citron dans un grand saladier. Ajoutez le couscous, le poulet et la roquette. Remuez délicatement.

**à table** en 20 minutes
**pour** 4 personnes **par portion** 23 g de lipides (dont 6,6 g d'acides gras saturés) ; 535 cal ; 27,2 g de glucides ; 53,7 g de protéines ; 1,8 g de fibres
**note** vous pouvez remplacer le pesto aux tomates séchées par un pesto de votre choix.

# Salade de poulet fumé au riz sauvage

500 g de blanc de poulet fumé, détaillé en tranches fines
400 g de mélange de riz sauvages
200 g de raisin rouge sans pépins
3 branches de céleri parées (300 g), coupées en tranches fines
60 g de noix de pécan grillées
350 g de cresson paré
**assaisonnement au citron vert et au poivre noir**
125 ml de jus de citron vert
125 ml d'huile d'olive
1 c. à s. de sucre en poudre
¼ de c. à c. de poivre noir fraîchement moulu

**1** Faites cuire le riz dans une grande casserole d'eau bouillante sans couvrir puis égouttez-le. Rincez-le sous l'eau froide et égouttez-le de nouveau.
**2** Pendant ce temps, préparez l'assaisonnement au citron vert et au poivre noir.
**3** Placez le riz dans un grand saladier avec le raisin, le céleri, les noix de pécan et la moitié de l'assaisonnement. Remuez délicatement.
**4** Répartissez le cresson dans les assiettes. Recouvrez-le de salade de riz, puis de poulet. Versez le reste de l'assaisonnement en filet.
**assaisonnement au citron vert et au poivre noir** versez les ingrédients dans un shaker pour sauce à salade, refermez et secouez.

**à table** en 25 minutes
**pour** 6 personnes **par portion** 33,9 g de lipides (dont 5,1 g d'acides gras saturés) ; 682 cal ; 61,9 g de glucides ; 29,1 g de protéines ; 6,4 g de fibres
**note** le riz sauvage utilisé ici est un mélange en sachet de riz blanc à longs grains et de riz brun foncé. Le blanc de poulet fumé peut avoir une couleur légèrement rosée, comme le bacon ou le jambon. Cela ne signifie pas que sa cuisson est insuffisante.

# Salade de poulet au citron vert et aux piments

4 escalopes de poulet (800 g)
500 ml d'eau
500 ml de bouillon de poulet
1 petit poivron rouge (150 g) coupé en fines lanières
4 gros radis rouges (60 g) coupés en tranches fines
175 g de chou chinois haché grossièrement
3 ciboules émincées
80 g de germes de soja
20 g de coriandre fraîche
75 g de cacahuètes grillées et salées
**sauce au citron vert et aux piments**
80 ml de jus de citron vert
65 g de sucre de palme râpé
2 petits piments rouges thaïs émincés
1 gousse d'ail pilée
1 c. à s. de nuoc-mâm
60 ml d'huile d'olive

**1** Portez l'eau et le bouillon de poulet à ébullition dans une grande sauteuse puis ajoutez les escalopes de poulet. Réduisez le feu et laissez-les pocher 10 minutes dans le liquide à peine frémissant. Retirez la sauteuse du feu et laissez le poulet tiédir dans le bouillon pendant 10 minutes. Égouttez-le puis détaillez-le en tranches fines.
**2** Pendant ce temps, préparez la sauce au citron vert et aux piments.
**3** Mettez dans un saladier le poivron, les radis, le chou chinois, les ciboules, les germes de soja et la coriandre. Versez la sauce et mélangez délicatement.
**4** Disposez sur la salade les escalopes de poulet en tranches et parsemez de cacahuètes grillées.
**sauce au citron vert et aux piments** mélangez dans une casserole le jus de citron vert, le sucre, les piments et l'ail. Faites chauffer le mélange pour faire dissoudre le sucre puis laissez-le refroidir 10 minutes avant d'y ajouter le nuoc-mâm et l'huile d'olive.

**à table** en 30 minutes
**pour** 4 personnes **par portion** 27,8 g de lipides (dont 4,9 g d'acides gras saturés) ; 560 cal ; 21,7 g de glucides ; 53,9 g de protéines ; 3,8 g de fibres

# Salade de poulet aux nouilles croustillantes

3 escalopes de poulet (600 g)
500 g de mini bok choy grossièrement haché
250 g de tomates cerises coupées en deux
50 g de champignons shiitake finement émincés
30 g de coriandre fraîche
80 g de germes de soja
3 ciboules finement émincées
100 g de nouilles sautées croustillantes
**assaisonnement**
80 ml de sauce de soja claire
1 c. à c. d'huile de sésame
2 c. à s. de xérès sec

**1** Préparez l'assaisonnement.
**2** Faites cuire les escalopes de poulet en plusieurs fois sur une plaque à griller chaude et huilée (ou au gril ou au barbecue). Coupez-les en fines tranches.
**3** Mélangez le bok choy, les tomates, les champignons, la coriandre, les germes de soja et les ciboules dans un grand saladier.
**4** Ajoutez le poulet, les nouilles et l'assaisonnement à ce mélange. Remuez délicatement.
**assaisonnement** placez les ingrédients dans un shaker pour sauce à salade, refermez et secouez.

**à table** en 20 minutes
**pour** 4 personnes **par portion** 7,2 g de lipides (dont 2 g d'acides gras saturés) ; 277 cal ; 9,2 g de glucides ; 38,8 g de protéines ; 4,7 g de fibres
**note** les nouilles sautées croustillantes sont vendues en paquets (de 100 g en général) déjà frites et prêtes à consommer. Elles portent parfois l'appellation « nouilles sautées » et existent en deux largeurs différentes : fines et ressemblant à des spaghettis, ou larges et plates comme des fettucines.

# Salade de pâtes au poulet

3 escalopes de poulet (600 g)
250 g de penne
1 gros poivron rouge (350 g) épépiné et coupé en dés
4 tomates olivettes (360 g) épépinées et coupées en cubes
6 ciboules émincées
200 g de feta coupée en cubes
80 g de roquette
**vinaigrette**
60 ml d'huile d'olive
80 ml de vinaigre rouge
1 c. à c. de moutarde de Dijon
1 c. à c. de sucre en poudre

**1** Portez à ébullition de l'eau dans une casserole puis faites-y pocher les escalopes de poulet 10 minutes : l'eau doit juste frémir. Retirez la casserole du feu et laissez le poulet encore 10 minutes dans l'eau avant de l'égoutter et de le couper en tranches fines.
**2** Faites cuire les pâtes dans un grand volume d'eau bouillante salée puis égouttez-les et passez-les sous l'eau froide pour les rafraîchir. Égouttez-les de nouveau.
**3** Préparez la vinaigrette.
**4** Mettez les tranches de poulet et les pâtes dans un grand saladier, ajoutez le reste des ingrédients puis versez la sauce. Mélangez bien. Servez frais ou à température ambiante.
**vinaigrette** mettez tous les ingrédients dans un shaker pour sauce à salade, refermez et secouez.

**à table** en 35 minutes
**pour** 4 personnes **par portion** 29,9 g de lipides (dont 10,6 g d'acides gras saturés) ; 697 cal ; 51,2 g de glucides ; 52,8 g de protéines ; 5,9 g de fibres

# Salade de poulet au sésame

4 escalopes de poulet (800 g)
1,5 litre de bouillon de poulet
2 badianes
1 c. à s. de sauce de soja claire
1 c. à c. d'huile de sésame
200 g de pois mange-tout coupés en deux
100 g de pousses de pois mange-tout
160 g de germes de soja
2 branches de céleri parées (200 g), coupées en tranches fines
4 ciboules finement émincées
1 c. à s. de graines de sésame grillées
**assaisonnement**
2 c. à s. de sauce de soja
1 c. à s. d'huile d'arachide
2 c. à c. d'huile de sésame
5 g (1 cm) de gingembre frais râpé

**1** Dans une grande casserole, portez à ébullition le bouillon de poulet, les badianes, la sauce de soja et l'huile de sésame. Ajoutez le poulet, couvrez partiellement et laissez pocher 10 minutes environ. Retirez le poulet de la casserole. Laissez-le refroidir 10 minutes avant de le couper en tranches.
**2** Pendant ce temps, plongez les pois dans une casserole d'eau bouillante et égouttez-les immédiatement. Plongez-les ensuite 2 minutes dans un bol d'eau glacée ; égouttez.
**3** Préparez l'assaisonnement.
**4** Dans un grand saladier, placez le poulet et les pois, puis ajoutez les pousses de pois mange-tout, les germes de soja, le céleri, les ciboules et l'assaisonnement. Remuez délicatement. Servez, parsemé de graines de sésame.
**assaisonnement** versez les ingrédients dans un shaker pour sauce à salade, refermez et secouez.

**à table** en 35 minutes
**pour** 4 personnes **par portion** 22,5 g de lipides (dont 5,7 g d'acides gras saturés) ; 479 cal ; 13,1 g de glucides ; 53,9 g de protéines ; 4,9 g de fibres

# Salade au poulet fumé et aux poires

200 g de blanc de poulet fumé, détaillé en tranches fines
1 petite chicorée rouge (100 g), feuilles séparées, lavées et essorées
1 petite laitue, feuilles séparées, lavées et essorées
1 grosse poire (330 g) coupée en très fines tranches
1 oignon rouge moyen (170 g) coupé en fines lamelles
**vinaigrette**
60 ml de vinaigre de vin rouge
2 c. à s. de vinaigre balsamique
60 ml d'huile d'olive

**1** Préparez la vinaigrette.
**2** Disposez dans un saladier tous les ingrédients de la salade. Versez la sauce dessus au dernier moment. Remuez délicatement et servez sans attendre.
**vinaigrette** mettez tous les ingrédients dans un shaker pour sauce à salade, refermez et secouez.

**à table** en 20 minutes
**pour** 4 personnes **par portion** 16,2 g de lipides (dont 2,6 g d'acides gras saturés) ; 229 cal ; 11,2 g de glucides ; 9,6 g de protéines ; 3,8 g de fibres
**note** le blanc de poulet fumé peut avoir une couleur légèrement rosée, comme le bacon ou le jambon. Cela ne veut pas dire que sa cuisson est insuffisante.

# Salade chaude de poulet à la coriandre

700 g de chair de cuisses de poulet, grossièrement effilée
1 c. à s. d'huile d'arachide
35 g d'amandes effilées
2 c. à s. de coriandre fraîche finement hachée
1 petit poivron rouge (150 g) coupé en fines lanières
2 branches de céleri parées (200 g), coupées en tranches fines
250 g de tomates cerises coupées en deux
1 avocat moyen (250 g) coupé en morceaux
3 ciboules finement émincées
1 jeune salade romaine coupée en lanières
**assaisonnement**
100 g de mayonnaise
85 g de crème aigre
2 c. à s. de jus de citron

**1** Préparez l'assaisonnement.
**2** Faites chauffer l'huile dans une grande poêle et faites-y dorer les amandes en remuant. Retirez-les de la poêle.
**3** Faites cuire le poulet dans la même poêle en remuant. Égouttez-le ensuite sur du papier absorbant.
**4** Dans un grand saladier, placez les amandes, le poulet, la coriandre, le poivron, le céleri et l'assaisonnement. Ajoutez les tomates, l'avocat, les ciboules et la salade. Remuez délicatement.
**assaisonnement** mélangez les ingrédients dans un petit bol.

**à table** en 30 minutes
**pour** 4 personnes **par portion** 48,7 g de lipides (dont 13,6 g d'acides gras saturés) ; 637 cal ; 10,8 g de glucides ; 38 g de protéines ; 4,9 g de fibres

SALADES

# Salade de poulet aux nouilles et au sésame

3 escalopes de poulet (600 g) coupées en tranches fines
1 gousse d'ail pilée
2 c. à s. de sauce aux piments doux
600 g de nouilles fraîches aux œufs
1 poivron jaune moyen (200 g)
1 grosse carotte (180 g)
200 g de cresson paré
1 c. à s. d'huile d'arachide
250 g d'asperges parées, coupées en deux
2 c. à c. de graines de sésame grillées
**assaisonnement**
½ c. à c. d'huile de sésame
60 ml de vinaigre de riz
2 c. à s. de sauce de soja
1 c. à s. de jus de citron
1 ciboule finement émincée
2 c. à c. de sucre en poudre

**1** Dans un grand saladier, mélangez le poulet, l'ail et la sauce aux piments doux.
**2** Faites cuire les nouilles dans une grande casserole d'eau bouillante sans couvrir, puis égouttez-les.
**3** Épépinez le poivron et retirez sa membrane blanche. Coupez le poivron et la carotte en longues lamelles.
**4** Placez les nouilles, le poivron et la carotte dans un grand saladier avec le cresson. Remuez délicatement.
**5** Faites chauffer l'huile d'arachide dans une grande poêle et faites-y cuire le poulet en plusieurs fois. Ajoutez les asperges dans la poêle et faites-les cuire jusqu'à ce qu'elles soient tendres.
**6** Préparez l'assaisonnement.
**7** Incorporez le poulet et les asperges au mélange de nouilles et versez l'assaisonnement. Remuez délicatement. Parsemez de graines de sésame.
**assaisonnement** placez les ingrédients dans un shaker pour sauce à salade, refermez et secouez.

**à table** en 30 minutes
**pour** 6 personnes **par portion** 8 g de lipides (dont 1,5 g d'acides gras saturés) ; 458 cal ; 57,6 g de glucides ; 35,4 g de protéines ; 5 g de fibres

# Salade de poulet fumé

400 de blanc de poulet fumé, coupé en tranches fines
200 g de jeunes pousses d'épinards
1 poivron jaune moyen (200 g) coupé en lanières
1 oignon rouge moyen (170 g) finement émincé
120 g de feuilles de basilic pourpre fraîches
**assaisonnement**
2 c. à c. de zeste de citron vert finement râpé
60 ml de jus de citron vert
2 c. à s. de coriandre fraîche grossièrement hachée
2 petits piments rouges thaïs finement hachés
2 c. à c. d'huile d'arachide
1 c. à c. de sucre en poudre

**1** Dans un grand saladier, placez le poulet, les épinards, le poivron, l'oignon et le basilic.
**2** Préparez l'assaisonnement, puis versez-le sur la salade. Remuez délicatement.
**assaisonnement** placez les ingrédients dans un shaker pour sauce à salade, refermez et secouez.

**à table** en 20 minutes
**pour** 4 personnes **par portion** 9,6 g de lipides (dont 2,4 g d'acides gras saturés) ; 221 cal ; 5 g de glucides ; 27,4 g de protéines ; 2,7 g de fibres
**note** le blanc de poulet fumé peut avoir une couleur légèrement rosée, comme le bacon ou le jambon. Cela ne signifie pas que sa cuisson est insuffisante.

wok

# Sang choy bow au poulet

400 g de poulet haché
1 c. à s. d'huile d'arachide
1 piment rouge long frais finement émincé
2 gousses d'ail pilées
1 petit poivron rouge (150 g) coupé en fines lanières
80 ml de jus de citron
80 g d'amandes mondées, grillées et finement concassées
20 g de basilic frais finement haché
2 c. à s. de kecap manis
80 g de germes de soja
100 g de nouilles sautées croustillantes
12 feuilles de laitue iceberg

**1** Faites chauffer l'huile dans un wok et faites-y sauter le piment et l'ail jusqu'à ce que leurs arômes se libèrent. Ajoutez le poulet et le poivron. Faites sauter jusqu'à ce que le poulet soit entièrement cuit.
**2** Ajoutez le jus de citron, les amandes, le basilic, le kecap manis et les germes de soja. Faites revenir 1 minute. Ajoutez la moitié des nouilles.
**3** Répartissez le sang choy bow dans les feuilles de salade. Parsemez des nouilles restantes et servez.

**à table** en 25 minutes
**pour** 4 personnes **par portion** 25,1 g de lipides (dont 4,2 g d'acides gras saturés) ; 415 cal ; 16,2 g de glucides ; 28,3 g de protéines ; 5 g de fibres
**note** les nouilles sautées croustillantes sont vendues en paquets (de 100 g en général) déjà frites et prêtes à consommer. Elles portent parfois l'appellation « nouilles sautées » et existent en deux largeurs différentes : fines et ressemblant à des spaghettis, ou larges et plates comme des fettucines.

# Poulet aux piments et au miel

1 kg de filet de poulet coupé en fines tranches
1 c. à s. d'huile d'arachide
20 g (4 cm) de gingembre frais râpé
3 petits piments rouges thaïs frais, finement émincés
1 gros poivron rouge (350 g) coupé en fines lanières
1 c. à c. de farine de maïs
1 c. à s. de sauce de soja
80 ml de jus de citron
90 g de miel
4 ciboules finement émincées

**1** Faites chauffer la moitié de l'huile dans un wok ou une grande poêle. Faites sauter le poulet avec le gingembre et les piments, par petites quantités, jusqu'à ce qu'il soit doré. Retirez ensuite le poulet du wok.
**2** Faites chauffer le reste de l'huile dans le wok puis faites sauter le poivron jusqu'à ce qu'il soit juste tendre.
**3** Incorporez la farine de maïs à la sauce de soja, ajoutez le jus de citron et le miel. Remettez le poulet dans le wok, versez la sauce obtenue puis laissez sur le feu jusqu'à ce que la sauce épaississe et que le poulet soit bien enrobé. Garnissez de ciboules juste avant de servir.

**à table** en 25 minutes
**pour** 4 personnes **par portion** 10,5 g de lipides (dont 2,3 g d'acides gras saturés) ; 420 cal ; 21,7 g de glucides ; 58,4 g de protéines ; 1,2 g de fibres

# Taboulé chaud au poulet sauté

500 g de filet de poulet coupé en tranches fines
160 g de boulgour
2 gousses d'ail pilées
180 ml de jus de citron
60 ml d'huile d'olive
250 g de tomates cerises coupées en deux
4 ciboules grossièrement ciselées
40 g de persil plat frais haché
40 g de menthe fraîche ciselée

**1** Versez le boulgour dans un petit saladier et recouvrez-le d'eau bouillante. Laissez-le reposer 15 minutes puis égouttez-le. Avec les mains, pressez-le pour retirer autant d'eau que possible.
**2** Dans un autre saladier, mélangez le poulet, l'ail, un quart de jus de citron et 1 cuillerée à soupe d'huile d'olive. Laissez reposer 5 minutes. Égouttez le poulet et jetez la marinade.
**3** Faites chauffer 1 cuillerée à soupe d'huile dans un wok et faites sauter le poulet en plusieurs fois. Couvrez-le pour le garder au chaud.
**4** Placez le boulgour, les tomates et les ciboules dans un wok et faites sauter quelques minutes. Retirez du feu. Ajoutez le poulet, le persil, la menthe, le reste de jus de citron et d'huile. Remuez délicatement.

**à table** en 30 minutes
**pour** 4 personnes **par portion** 17,6 g de lipides (dont 2,8 g d'acides gras saturés) ; 424 cal ; 27,4 g de glucides ; 34,4 g de protéines ; 9,4 g de fibres
**note** le taboulé est une salade traditionnelle originaire du Liban, confectionnée avec beaucoup de persil plat haché et une quantité variable de boulgour, de ciboules, de menthe, d'huile d'olive et de jus de citron.

# Nouilles sautées au poulet et sauce d'huîtres

600 g de chair de cuisses de poulet émincé
375 g de nouilles de riz séchées
2 c. à c. d'huile de sésame
1 c. à s. d'huile d'arachide
350 g d'asperges vertes coupées en petits tronçons
375 g de mini épis de maïs coupés en deux dans la longueur
2 gousses d'ail pilées
600 ml de sauce d'huîtres
35 g de ciboulette ciselée

**1** Mettez les nouilles dans un saladier, couvrez-les d'eau chaude et laissez-les reposer jusqu'à ce qu'elles soient souples. Égouttez-les puis gardez-les au chaud.
**2** Mélangez l'huile de sésame et l'huile d'arachide. Faites chauffer la moitié de ce mélange dans un wok puis faites-y revenir le poulet en procédant en plusieurs fois. Réservez-le au chaud.
**3** Versez dans le wok le reste des huiles mélangées et faites-y revenir les asperges, le maïs et l'ail. Quand les légumes sont tendres, ajoutez le poulet puis les nouilles, la sauce d'huîtres et la ciboulette. Remuez vivement jusqu'à ce que le mélange soit chaud. Servez sans attendre.

**à table** en 25 minutes
**pour** 4 personnes **par portion** 20,2 g de lipides (dont 4,6 g d'acides gras saturés) ; 665 cal ; 80,1 g de glucides ; 39,6 g de protéines ; 6,9 g de fibres

# Poulet aigre-piquant

1 kg d'escalopes de poulet coupées en tranches fines
4 gousses d'ail pilées
2 c. à s. de poivre noir concassé
1 c. à s. de zeste de citron finement râpé
4 petits piments rouges thaïs finement émincés
125 ml d'eau
2 c. à s. de concentré de tamarin
350 g de haricots verts parés
1 c. à s. d'huile d'arachide
2 gros oignons rouges (600 g) émincés
1 c. à s. de sucre en poudre
60 ml de bouillon de poulet

**1** Mélangez le poulet avec l'ail, le poivre, le zeste de citron, les piments, l'eau et le concentré de tamarin dans un saladier. Couvrez et laissez mariner 10 minutes.
**2** Pendant ce temps, faites cuire les haricots verts à l'eau bouillante puis égouttez-les.
**3** Faites chauffer l'huile dans un wok. Faites sauter le poulet mariné et les oignons, par petites quantités.
**4** Remettez dans le wok tout le poulet, les haricots verts, le sucre puis versez le bouillon de poulet. Portez à ébullition et laissez la sauce épaissir légèrement.

**à table** en 35 minutes
**pour** 6 personnes **par portion** 7,2 g de lipides (dont 1,6 g d'acides gras saturés) ; 278 cal ; 9,9 g de glucides ; 41,3 g de protéines ; 3,4 g de fibres

# Nouilles sautées au poulet et au choy sum

750 g de chair de poulet coupée en fines lamelles
500 g de nouilles hokkien ou de nouilles de blé fraîches
1 c. à s. d'huile d'arachide
8 ciboules grossièrement hachées
4 gousses d'ail pilées
10 g (2 cm) de gingembre frais râpé
230 g de châtaignes d'eau en boîte, égouttées
300 g de choy sum paré, grossièrement haché
2 c. à s. de coriandre fraîche grossièrement ciselée
2 c. à s. de kecap manis
60 ml de bouillon de poulet

**1** Mettez les nouilles dans un saladier résistant à la chaleur et couvrez-les d'eau bouillante. Séparez-les ensuite à la fourchette puis égouttez-les.
**2** Faites chauffer l'huile d'arachide dans un wok ou une grande poêle et faites-y revenir le poulet en plusieurs tournées. Ajoutez les ciboules, l'ail, le gingembre et les châtaignes d'eau. Poursuivez la cuisson quelques minutes avant d'incorporer le choy sum, la coriandre, le kecap manis et le bouillon de poulet. Retirez le wok du feu quand le choy sum commence à flétrir.
**3** Servez le poulet et les légumes sautés sur les nouilles.

**à table** en 30 minutes
**pour** 4 personnes **par portion** 8,5 g de lipides (dont 3,3 g d'acides gras saturés) ; 183 cal ; 15,2 g de glucides ; 10,2 g de protéines ; 2,6 g de fibres
**conseil** si vous ne trouvez pas de choy sum, vous pouvez le remplacer par du gai lan (brocoli chinois).

# Poulet sauté aux amandes

600 g de filet de poulet
2 c. à s. d'huile d'arachide
160 g d'amandes mondées entières
5 g (1 cm) de gingembre frais râpé
2 c. à s. de sauce hoisin
1 petit poireau (200 g) coupé en fines rondelles
200 g de haricots verts coupés en deux
2 ciboules émincées
1 c. à s. de sauce de soja
1 c. à s. de sauce aux prunes
1 c. à c. d'huile de sésame

**1** Faites chauffer la moitié de l'huile d'arachide dans un wok, puis faites-y dorer les amandes. Retirez-les du wok.
**2** Faites sauter le poulet dans le wok, par petites quantités.
**3** Chauffez l'huile d'arachide restante dans le wok. Faites-y revenir le gingembre jusqu'à ce qu'il embaume. Ajoutez la sauce hoisin, le poireau et les haricots verts. Faites sauter jusqu'à ce que les haricots soient tendres.
**4** Remettez le poulet dans le wok avec les ciboules, la sauce de soja, la sauce aux prunes et l'huile de sésame. Réchauffez le tout. Parsemez d'amandes.

**à table** en 25 minutes
**pour** 4 personnes **par portion** 36,8 g de lipides (dont 4,2 g d'acides gras saturés) ; 556 cal ; 9,1 g de glucides ; 44,4 g de protéines ; 7,1 g de fibres

# Poulet sauté à l'ail et au bok choy

700 g d'escalopes de poulet émincées
75 g de farine
2 c. à s. d'huile d'arachide
6 gousses d'ail pilées
1 poivron rouge moyen (200 g) coupé en fines lanières
6 ciboules émincées
125 ml de bouillon de poulet
2 c. à s. de sauce de soja claire
500 g de bok choy grossièrement haché

**1** Farinez le poulet puis secouez-le pour faire tomber l'excédent de farine.
**2** Faites chauffer l'huile dans un wok ou une grande poêle et faites-y sauter le poulet 2 à 3 minutes. Réservez.
**3** Faites sauter l'ail, le poivron et les ciboules dans le wok jusqu'à ce que le poivron soit tendre.
**4** Remettez le poulet dans le wok, ajoutez le bouillon de poulet et la sauce de soja. Continuez la cuisson jusqu'au point d'ébullition : la sauce doit légèrement épaissir. Ajoutez le bok choy et laissez-le cuire jusqu'à ce qu'il commence à flétrir.

**à table** en 25 minutes
**pour** 4 personnes **par portion** 14 g de lipides (dont 2,8 g d'acides gras saturés) ; 387 cal ; 18,1 g de glucides ; 45,1 g de protéines ; 3,9 g de fibres

# Poulet sauté sur galettes de nouilles

700 g d'escalopes de poulet émincées
255 g de nouilles sèches instantanées, parfumées au poulet, avec leurs sachets d'épices
2 c. à s. d'huile d'arachide
1 petit oignon (80 g) émincé
1 gousse d'ail pilée
1 carotte moyenne (120 g) émincée
1 gros poivron rouge (350 g) émincé
400 g de mini bok choy coupé en quatre
10 g (2 cm) de gingembre frais râpé
80 ml de sauce d'huîtres
2 c. à s. de sauce de soja
180 ml de bouillon de poulet
1 c. à s. de farine de maïs

**1** Faites cuire les nouilles en suivant les instructions indiquées sur l'emballage puis égouttez-les. Ajoutez un seul sachet d'assaisonnement et mélangez (réservez les autres sachets pour une autre utilisation).
**2** Faites chauffer la moitié de l'huile dans une grande poêle. Ajoutez les nouilles et pressez-les de façon à former une sorte de galette que vous ferez dorer de chaque côté.
**3** Faites chauffer le reste d'huile dans un wok ou une grande poêle et faites-y sauter le poulet en procédant en plusieurs fois. Réservez-le.
**4** Faites revenir l'oignon et l'ail dans le même wok. Quand ils sont juste tendres, ajoutez la carotte et le poivron.
**5** Quand les légumes sont encore croquants, incorporez le poulet, le bok choy, le gingembre, la sauce d'huîtres, la sauce de soja, le bouillon de poulet et la farine de maïs. Laissez cuire jusqu'à ébullition et épaississement de la sauce.
**6** Coupez la galette de nouilles en quatre et placez dessus le poulet sauté aux légumes.

**à table** en 20 minutes
**pour** 4 personnes **par portion** 16,4 g de lipides (dont 2,8 g d'acides gras saturés) ; 434 cal ; 23,5 g de glucides ; 45,9 g de protéines ; 4 g de fibres

# Nouilles sautées au poulet et aux champignons

750 g de filet de poulet coupé en deux
600 g de nouilles hokkien
1 c. à s. d'huile d'arachide
200 g de petits champignons de Paris coupés en deux
200 g de pleurotes coupés en tranches épaisses
200 g de champignons bruns coupés en deux
3 ciboules émincées
2 c. à s. de sauce aux piments doux
125 ml de sauce d'huîtres

**1** Faites gonfler les nouilles dans un saladier d'eau bouillante puis séparez-les à la fourchette. Égouttez-les.
**2** Saisissez au wok le poulet dans la moitié de l'huile puis réservez-le au chaud.
**3** Dans le reste d'huile, faites revenir les différents champignons en plusieurs fois, en jetant leur liquide de végétation jusqu'à ce qu'ils soient bien dorés.
**4** Ajoutez alors le poulet, les nouilles, les ciboules, la sauce aux piments doux et la sauce d'huîtres. Réchauffez le mélange à feu vif, sans cesser de remuer.

**à table** en 25 minutes
**pour** 4 personnes **par portion** 11,6 g de lipides (dont 2,4 g d'acides gras saturés) ; 733 cal ; 8,6 g de glucides ; 63 g de protéines ; 8,2 g de fibres

# Poulet à la citronnelle et aux asperges

500 g d'escalopes de poulet coupées en grosses tranches
3 gousses d'ail pilées
20 g (une tige de 10 cm) de citronnelle fraîche finement hachée
1 c. à s. de sucre en poudre
5 g (1 cm) de gingembre frais finement râpé
1 c. à s. d'huile d'arachide
400 g d'asperges parées
1 gros oignon (200 g) émincé
2 tomates moyennes (300 g), épépinées et coupées en gros morceaux
2 c. à c. de coriandre fraîche
2 c. à s. de graines de sésame grillées

**1** Dans un saladier de taille moyenne, mélangez le poulet, l'ail, la citronnelle, le sucre, le gingembre et la moitié de l'huile.
**2** Coupez les asperges en trois et faites-les cuire à l'eau, à la vapeur ou au micro-ondes jusqu'à ce qu'elles soient juste tendres. Rincez-les immédiatement sous l'eau froide puis égouttez-les.
**3** Faites chauffer le reste d'huile dans un wok et faites-y sauter l'oignon jusqu'à ce qu'il soit juste tendre. Retirez-le du wok. Faites sauter le poulet en plusieurs fois.
**4** Replacez dans le wok le poulet, l'oignon ainsi que les asperges et les tomates. Faites cuire jusqu'à ce que le tout soit bien chaud.
**5** Servez, parsemé de coriandre et de graines de sésame.

**à table** en 30 minutes
**pour** 4 personnes **par portion** 10,8 g de lipides (dont 2 g d'acides gras saturés) ; 267 cal ; 7,3 g de glucides ; 33 g de protéines ; 4 g de fibres

# Ailes de poulet épicées

1 kg d'ailes de poulet
1 c. à s. d'huile d'arachide
5 g (1 cm) de gingembre frais râpé
1 gousse d'ail pilée
2 c. à s. de sauce de soja
60 ml de sauce hoisin
1 c. à s. de sauce aux piments doux
2 c. à c. de sucre en poudre
125 ml d'eau
3 ciboules finement émincées

**1** Coupez les extrémités des ailes de poulet et jetez-les. Coupez les ailes en deux au niveau de l'articulation.
**2** Faites chauffer l'huile dans un wok et faites-y sauter le gingembre et l'ail jusqu'à ce que leurs arômes se libèrent.
**3** Ajoutez les sauces, le sucre et l'eau puis faites chauffer 1 minute. Ajoutez le poulet. Couvrez et faites cuire 15 minutes en remuant de temps en temps. Parsemez de ciboules. Servez le poulet accompagné de pousses de bok choy cuites à la vapeur si vous le souhaitez.

**à table** en 35 minutes
**pour** 4 personnes **par portion** 13,9 g de lipides (dont 3,7 g d'acides gras saturés) ; 317 cal ; 9,8 g de glucides ; 37,3 g de protéines ; 2,1 g de fibres

# Poulet chow mein

500 g de chair de cuisses de poulet finement émincé
1 c. à s. d'huile d'arachide
2 oignons moyens (300 g) coupés en fines tranches
2 gousses d'ail pilées
20 g (4 cm) de gingembre frais râpé
2 branches de céleri parées (200 g), finement émincées
1 poivron rouge moyen (200 g) coupé en fines lanières
2 c. à c. de farine de maïs
125 ml de bouillon de poulet
60 ml de sauce de soja claire
5 ciboules émincées
80 g de germes de soja
¼ de chou chinois (160 g) finement râpé
200 g de nouilles sautées croustillantes

**1** Faites chauffer la moitié de l'huile dans un wok et faites-y sauter le poulet en plusieurs fois.
**2** Chauffez le reste de l'huile dans le wok et faites sauter les oignons, l'ail et le gingembre jusqu'à ce que les arômes se libèrent. Ajoutez le céleri et le poivron et faites revenir les légumes jusqu'à ce qu'ils soient juste tendres.
**3** Mélangez la farine de maïs, le bouillon de poulet et la sauce de soja dans bol. Remettez le poulet dans le wok avec le mélange de farine de maïs, de bouillon de poulet et de sauce de soja. Faites chauffer jusqu'à ce que la sauce bouille et épaississe légèrement. Ajoutez les ciboules, les germes de soja et le chou chinois puis faites réchauffer le tout.
**4** Servez le chow mein disposé sur des nouilles sautées croustillantes.

**à table** en 30 minutes
**pour** 4 personnes **par portion** 15,9 g de lipides (dont 4,1 g d'acides gras saturés) ; 423 cal ; 34,7 g de glucides ; 32,4 g de protéines ; 5,1 g de fibres
**note** les nouilles sautées croustillantes sont vendues en paquets (de 100 g en général) déjà frites et prêtes à consommer. Elles portent parfois l'appellation « nouilles sautées » et existent en deux largeurs différentes : fines et ressemblant à des spaghettis, ou larges et plates comme des fettucines.

# Nouilles de riz sautées au poulet et au porc

500 g d'escalopes de poulet coupées en tranches
55 g de sucre en poudre
80 ml de sauce aux piments doux
60 ml de nuoc-mâm
1 c. à s. de sauce de soja claire
1 c. à s. de sauce tomate
150 g de nouilles de riz larges, fraîches
1 c. à s. d'huile de sésame
500 g de viande de porc haché
1 gros oignon (200 g) finement émincé
2 gousses d'ail pilées
160 g de germes de soja
40 g de coriandre fraîche grossièrement hachée
50 g de cacahuètes grillées grossièrement concassées

**1** Dans un grand saladier, mélangez le sucre et toutes les sauces puis enrobez le poulet de ce mélange.
**2** Placez les nouilles dans un grand saladier résistant à la chaleur et recouvrez-les d'eau bouillante. Séparez ensuite les nouilles à la fourchette puis égouttez-les.
**3** Égouttez le poulet et réservez la marinade. Faites chauffer la moitié de l'huile dans un wok et faites-y sauter le poulet en plusieurs fois.
**4** Faites chauffer le reste de l'huile dans le wok et faites-y sauter le porc, l'oignon et l'ail jusqu'à ce que la viande soit entièrement cuite.
**5** Remettez le poulet dans le wok avec les nouilles et la marinade. Faites réchauffer le tout puis retirez du feu. Ajoutez les germes de soja, la coriandre et les cacahuètes. Mélangez délicatement.

**à table** en 25 minutes
**pour** 4 personnes **par portion** 23,7 g de lipides (dont 5,6 g d'acides gras saturés) ; 603 cal ; 33,5 g de glucides ; 61,3 g de protéines ; 4,6 g de fibres
**note** selon vos préférences, vous pouvez utiliser des nouilles de riz sèches ou fraîches, larges ou fines comme des spaghettis.

# Poulet sauté à la coriandre et aux noix de cajou

700 g d'escalopes de poulet coupées en tranches fines
10 g de coriandre fraîche grossièrement hachée
2 petits piments rouges thaïs frais, finement émincés
1 c. à c. d'huile de sésame
2 gousses d'ail pilées
2 c. à c. d'huile d'arachide
80 ml de vinaigre de riz
60 ml de sauce aux piments doux
1 c. à s. de jus de citron vert
35 g de noix de cajou grillées
40 g de pousses de pois mange-tout
40 g de tiges de pois mange-tout

**1** Dans un grand saladier, mélangez le poulet, la coriandre, les piments, l'huile de sésame et l'ail.
**2** Faites chauffer l'huile d'arachide dans un wok et faites-y sauter le poulet en plusieurs fois.
**3** Remettez le poulet dans le wok. Ajoutez le vinaigre de riz, la sauce aux piments doux et le jus de citron vert. Faites chauffer jusqu'à ébullition. Ajoutez les noix de cajou.
**4** Retirez le wok du feu et incorporez les pousses et les tiges de pois mange-tout.

**à table** en 35 minutes
**pour** 4 personnes **par portion** 12,4 g de lipides (dont 2,5 g d'acides gras saturés) ; 328 cal ; 9,5 g de glucides ; 43,2 g de protéines ; 2,5 g de fibres

# Pad thaï

450 g de chair de cuisses de poulet coupées en tranches fines
250 g de nouilles de riz
1 c. à s. d'huile d'arachide
1 gousse d'ail pilée
5 g (1 cm) de gingembre frais râpé
2 petits piments rouges thaïs finement émincés
2 c. à s. de sucre de palme râpé
2 c. à s. de sauce de soja
60 ml de sauce aux piments doux
1 c. à s. de nuoc-mâm
1 c. à s. de jus de citron vert
3 ciboules finement hachées
80 g de germes de soja
80 g de pousses de pois gourmands
10 g de feuilles de coriandre fraîche grossièrement ciselées

**1** Mettez les nouilles dans un grand saladier et recouvrez-les d'eau bouillante. Laissez-les reposer jusqu'à ce qu'elles soient tendres puis égouttez-les.
**2** Faites chauffer l'huile dans un wok et faites-y revenir le poulet, l'ail, le gingembre et les piments en plusieurs fois.
**3** Remettez le poulet dans le wok et versez le sucre, la sauce de soja, la sauce aux piments doux, la sauce nuoc-mâm et le jus de citron vert. Faites revenir le tout en remuant sans cesse jusqu'à épaississement de la sauce. Ajoutez les nouilles, les ciboules, les germes de soja et les pousses de pois gourmands. Faites sauter le mélange à feu vif, en remuant vigoureusement, puis dressez le pad thaï sur un plat. Parsemez de coriandre fraîche et servez aussitôt.

**à table** en 30 minutes
**pour** 4 personnes **par portion** 15,5 g de lipides (dont 3,4 g d'acides gras saturés) ; 348 cal ; 28,9 g de glucides ; 26 g de protéines ; 3 g de fibres

# Poulet sauté aux épices et nouilles de riz

750 g de chair de cuisses de poulet détaillées en gros cubes
2 gousses d'ail pilées
10 g (2 cm) de gingembre frais râpé
2 c. à c. de blanc de citronnelle coupées en tranches fines
1 c. à s. de sauce teriyaki
1 c. à s. de sucre en poudre
1 c. à c. de sambal oelek
1 c. à c. de cumin en poudre
1 c. à c. de coriandre en poudre
500 g de nouilles de riz fraîches
2 c. à s. de sauce aux piments doux
1 c. à s. d'huile d'arachide
500 g de bok choy coupé en quatre dans les sens de la hauteur

**1** Dans un saladier, mélangez le poulet, l'ail, le gingembre, la citronnelle, la sauce teriyaki, le sucre, le sambal oelek, le cumin et la coriandre en poudre.
**2** Faites gonfler les nouilles dans un saladier d'eau bouillante puis séparez-les à la fourchette. Égouttez-les.
**3** Remettez-les dans le saladier, versez dessus la sauce aux piments doux et mélangez.
**4** Faites sauter le poulet dans un wok dans la moitié de l'huile puis réservez-le au chaud.
**5** Versez le reste de l'huile dans le wok et faites-y sauter le bok choy.
**6** Servez le poulet avec le bok choy et les nouilles.

**à table** en 25 minutes
**pour** 4 personnes **par portion** 18,9 g de lipides (dont 5 g d'acides gras saturés) ; 473 cal ; 34,9 g de glucides ; 39,4 g de protéines ; 2,7 g de fibres
**conseil** si vous ne trouvez pas de nouilles de riz fraîches, vous pouvez servir le poulet et le bok choy avec du riz sauté.

# Poulet sauté aux brocolis chinois

750 g de filet de poulet coupé en deux
350 g de nouilles fraîches
1 c. à s. d'huile d'arachide
1 gros oignon (200 g) coupé en tranches épaisses
3 gousses d'ail pilées
1 kg de gai lan (brocolis chinois) émincé
80 ml de sauce d'huîtres
1 c. à s. de sauce de soja claire

**1** Mettez les nouilles dans un saladier résistant à la chaleur et couvrez-les d'eau bouillante. Séparez-les ensuite à la fourchette puis égouttez-les.
**2** Faites chauffer la moitié de l'huile dans un wok et faites-y sauter le poulet, en plusieurs fois. Réservez-le au chaud.
**3** Faites chauffer le reste de l'huile dans le wok et faites-y fondre l'ail et l'oignon.
**4** Remettez le poulet dans le wok, ajoutez le gai lan et les deux sauces. Poursuivez la cuisson jusqu'à ce que le gai lan soit tendre. Mélangez délicatement les nouilles avec le poulet et le gai lan avant de servir.

**à table** en 25 minutes
**pour** 4 personnes **par portion** 24,9 g de lipides (dont 9,5 g d'acides gras saturés) ; 699 cal ; 57,6 g de glucides ; 55 g de protéines ; 11,1 g de fibres
**note** toute sorte de nouilles fraîches peuvent être utilisées pour cette recette.

… (continued)

# Poulet tikka

1 kg de chair de cuisses de poulet finement émincées
400 g de riz au jasmin
2 c. à s. de pâte tikka
2 c. à s. de chutney de mangue
80 ml de bouillon de légumes
140 g de yaourt
20 g de coriandre fraîche grossièrement hachée
2 c. à c. de jus de citron vert
1 petit piment rouge thaï frais, finement émincé

**1** Faites cuire le riz dans une grande casserole d'eau bouillante sans couvrir, puis égouttez-le.
**2** Dans un grand saladier, mélangez la pâte tikka, le chutney de mangue et le poulet.
**3** Faites chauffer le wok et faites-y sauter le poulet en plusieurs fois.
**4** Ajoutez le reste des ingrédients dans le wok et portez à ébullition. Réduisez le feu et laissez mijoter 5 minutes sans couvrir jusqu'à ce que le poulet soit entièrement cuit. Servez le poulet tikka accompagné de riz au jasmin.

**à table** en 25 minutes
**pour** 4 personnes **par portion** 23,4 g de lipides (dont 6,8 g d'acides gras saturés) ; 787 cal ; 86,3 g de glucides ; 55,8 g de protéines ; 2,4 g de fibres

# Nouilles sautées au poulet à la thaïlandaise

700 g d'escalopes de poulet coupées en fines tranches
180 g de nouilles de riz fines sèches
10 g (2 cm) de gingembre frais râpé
2 c. à s. d'huile d'arachide
120 g de germes de soja
300 g de mini bok choy grossièrement haché
80 ml de jus de citron vert
60 ml de sauce aux piments doux
2 c. à c. de nuoc-mâm
1 ½ c. à s. de sucre en poudre
2 c. à s. de coriandre fraîche hachée
20 g de menthe fraîche déchirée
4 ciboules finement émincées

**1** Mettez les nouilles dans un grand saladier résistant à la chaleur et recouvrez-les d'eau bouillante. Laissez-les gonfler 5 minutes puis égouttez-les.
**2** Mélangez le poulet et le gingembre dans un saladier.
**3** Faites chauffer l'huile dans un wok et faites-y sauter le poulet.
**4** Remettez le poulet dans le wok avec les germes de soja et le bok choy puis ajoutez le jus de citron vert, la sauce aux piments doux, le nuoc-mâm, le sucre, la coriandre et la menthe préalablement mélangés. Faites bien réchauffer le tout. Ajoutez les ciboules et les nouilles puis faites chauffer quelques minutes de plus.

**à table** en 30 minutes
**pour** 4 personnes **par portion** 13,6 g de lipides (dont 2,7 g d'acides gras saturés) ; 396 cal ; 23,1 g de glucides ; 43,4 g de protéines ; 2,9 g de fibres

# Poulet sauté au tamarin

400 g de riz au jasmin
700 g d'escalopes de poulet coupées en fines lamelles
1 c. à s. de concentré de tamarin
3 gousses d'ail pilées
2 petits piments rouges thaïs frais, finement émincés
2 c. à c. de sucre en poudre
1 c. à s. de jus de citron vert
1 c. à s. d'huile d'arachide
1 gros oignon (200 g) finement émincé
20 g de feuilles de coriandre fraîche

**1** Faites cuire le riz dans une grande casserole d'eau bouillante, sans couvrir, puis égouttez-le.
**2** Dans un saladier, mélangez le poulet, le concentré de tamarin, l'ail, les piments, le sucre et le jus de citron vert.
**3** Faites chauffer la moitié de l'huile d'arachide dans un wok et faites sauter le poulet en plusieurs fois.
**4** Chauffez le reste de l'huile dans le wok et faites-y revenir l'oignon jusqu'à ce qu'il soit juste tendre. Remettez le poulet dans le wok et mélangez délicatement.
**5** Servez la préparation au poulet accompagnée de riz. Parsemez de coriandre et disposez dessus des quartiers de citron si vous le souhaitez.

**à table** en 25 minutes
**pour** 4 personnes **par portion** 23 g de lipides (dont 6 g d'acides gras saturés) ; 726 cal ; 84,6 g de glucides ; 43 g de protéines ; 2 g de fibres
**note** le concentré de tamarin, de couleur violet foncé, est une pâte épaisse aigre-douce prête à l'emploi, fabriquée à partir de la pulpe des gousses du tamarinier. On en trouve dans la plupart des supermarchés et dans les épiceries asiatiques.

# Nouilles au poulet à la sauce satay

700 g de chair de cuisses de poulet coupée en gros dés
2 c. à c. de coriandre en poudre
2 c. à c. de cumin en poudre
2 c. à c. de curcuma en poudre
250 g de nouilles hokkien
6 ciboules
150 g de jeunes épis de maïs
2 c. à s. d'huile d'arachide
1 grosse carotte (180 g) coupée en fines rondelles
2 c. à s. de feuilles de coriandre fraîches hachées
**sauce satay**
130 g de beurre de cacahuètes avec morceaux
125 ml de lait de coco
125 ml de bouillon de poulet
2 c. à s. de sauce aux piments doux
2 c. à s. de sauce de soja
1 c. à s. de sucre roux
1 c. à s. de jus de citron vert

**1** Préparez la sauce satay.
**2** Mélangez le poulet avec les épices dans un saladier.
**3** Mettez les nouilles dans un saladier résistant à la chaleur et couvrez-les d'eau bouillante. Séparez-les à la fourchette puis égouttez-les.
**4** Coupez les ciboules et les jeunes épis de maïs en biais en tronçons de 4 cm.
**5** Faites chauffer la moitié de l'huile dans un wok et faites-y revenir le poulet, par petites quantités. Versez l'huile restante dans le wok et faites sauter le maïs et la carotte jusqu'à ce qu'ils soient tendres.
**6** Remettez le poulet dans le wok, ajoutez les nouilles, les ciboules, la sauce satay et la coriandre. Faites réchauffer le tout.
**sauce satay** mélangez tous les ingrédients dans un grand bol.

**à table** en 25 minutes
**pour** 4 personnes **par portion** 56,4 g de lipides (dont 19,8 g d'acides gras saturés) ; 941 cal ; 52,3 g de glucides ; 51 g de protéines ; 12,6 g de fibres

# Poulet sauté au gai lan

500 g de chair de cuisses de poulet finement émincées
2 c. à s. d'huile de sésame
2 c. à c. de sambal oelek
190 g de châtaignes d'eau en tranches en boîte, égouttées
227 g de pousses de bambou en lamelles en boîte, égouttées
1 gros poivron rouge (350 g) coupé en fines lanières
80 ml de kecap manis
500 g de gai lan (brocoli chinois) coupé grossièrement
160 g de germes de soja

**1** Faites chauffer la moitié de l'huile dans un wok et faites-y sauter le poulet en plusieurs fois. Réservez-le.
**2** Faites chauffer le reste de l'huile dans le wok et faites-y revenir le sambal oelek avec les châtaignes d'eau, les pousses de bambou et le poivron.
**3** Remettez le poulet dans le wok avec le kecap manis et le gai lan. Faites cuire jusqu'à ce que le gai lan soit un peu flétri et que le poulet soit entièrement cuit. Retirez du feu et ajoutez les germes de soja.

**à table** en 25 minutes
**pour** 4 personnes **par portion** 18,9 g de lipides (dont 4 g d'acides gras saturés) ; 331 cal ; 9,3 g de glucides ; 28,5 g de protéines ; 5,2 g de fibres

# Nouilles sautées au poulet et aux légumes pimentés

600 g d'escalopes de poulet coupées en fines tranches
200 g de nouilles sèches aux œufs
2 c. à s. d'huile végétale
1 grosse carotte (180 g) coupée en fines rondelles
250 g de champignons de Paris finement émincés
10 g (2 cm) de gingembre frais râpé
60 ml de bouillon de poulet
60 ml de sauce d'huîtres
2 c. à s. de sauce de soja
4 ciboules finement émincées
2 piments rouges longs, finement émincés
150 g de pois mange-tout

**1** Faites cuire les nouilles dans une grande casserole d'eau bouillante sans couvrir, puis égouttez-les. Rincez-les sous l'eau froide puis égouttez-les de nouveau.
**2** Faites chauffer la moitié de l'huile dans un wok et faites-y sauter le poulet en plusieurs fois. Réservez-le.
**3** Faites chauffer le reste de l'huile dans le wok et faites-y revenir les rondelles de carottes, les champignons et le gingembre jusqu'à ce qu'ils soient juste tendres.
**4** Remettez le poulet dans le wok en y ajoutant le bouillon de poulet et les deux sauces préalablement mélangées. Faites réchauffer le tout. Ajoutez les nouilles, les ciboules, les piments et les pois mange-tout. Faites chauffer quelques minutes de plus.

**à table** en 25 minutes
**pour** 4 personnes **par portion** 14 g de lipides (dont 2,3 g d'acides gras saturés) ; 496 cal ; 44 g de glucides ; 45,4 g de protéines ; 5,2 g de fibres

# Poulet et riz frit au basilic thaï

500 g d'escalopes de poulet coupées en morceaux
60 ml d'huile d'arachide
1 oignon moyen (150 g) finement émincé
3 gousses d'ail pilées
2 piments rouges longs, finement émincés
1 c. à s. de sucre roux
2 poivrons rouges moyens (400 g) coupés en fines lanières
200 g de haricots verts coupés en gros tronçons
800 g de riz au jasmin cuit
2 c. à s. de nuoc-mâm
2 c. à s. de sauce de soja
20 g de feuilles de basilic thaï

**1** Faites chauffer l'huile dans un wok puis faites-y sauter l'oignon, l'ail et les piments jusqu'à ce que l'oignon soit tendre. Ajoutez le sucre et remuez jusqu'à ce qu'il ait fondu. Ajoutez le poulet et faites-le revenir afin qu'il soit légèrement doré. Ajoutez les poivrons et les haricots verts. Faites cuire de façon que les légumes soient tendres et la viande entièrement cuite.
**2** Ajoutez le riz, le nuoc-mâm et la sauce de soja. Remuez délicatement pour obtenir un mélange homogène. Retirez du feu, ajoutez le basilic et mélangez délicatement.

**à table** en 30 minutes
**pour** 4 personnes **par portion** 18 g de lipides (dont 3,4 g d'acides gras saturés) ; 1 059 cal ; 172,8 g de glucides ; 46,4 g de protéines ; 5,1 g de fibres
**conseil** vous devrez faire cuire environ 265 g de riz pour cette recette.

# Poulet aux brocolis et à la sauce d'huîtres

500 g d'escalopes de poulet coupées en fines tranches
125 ml de bouillon de poulet
60 ml de sauce d'huîtres
2 c. à c. de farine de maïs
2 c. à c. de sucre en poudre
½ c. à c. d'huile de sésame
1 c. à s. d'huile végétale
4 ciboules émincées
20 g (4 cm) de gingembre frais râpé
1 gousse d'ail pilée
500 g de brocoli détaillé en bouquets
2 c. à s. d'eau

**1** Dans un petit saladier, fouettez le bouillon de poulet, la sauce d'huîtres, la farine de maïs, le sucre et l'huile de sésame jusqu'à obtention d'un mélange homogène.
**2** Faites chauffer la moitié de l'huile végétale dans un wok et faites-y sauter le poulet en plusieurs fois. Réservez.
**3** Faites chauffer le reste d'huile dans le wok et faites-y revenir les ciboules, le gingembre, l'ail, les brocolis et l'eau jusqu'à ce que les brocolis soient tendres.
**4** Remettez le poulet dans le wok et ajoutez la sauce préparée. Faites chauffer jusqu'à ébullition et épaississement de la sauce.

**à table** en 20 minutes
**pour** 4 personnes **par portion** 8,8 g de lipides (dont 1,5 g d'acides gras saturés) ; 269 cal ; 9,2 g de glucides ; 35,2 g de protéines ; 5,6 g de fibres

# Wok d'ailes de poulet au miel et au soja

12 grandes ailes de poulet (1,5 kg)
3 gousses d'ail pilées
20 g (4 cm) de gingembre frais râpé
1 c. à s. d'huile d'arachide
1 c. à s. de nuoc-mâm
1 c. à s. de sauce de soja claire
90 g de miel
2 ciboules coupés en petits tronçons

**1** Coupez les extrémités des ailes de poulet puis coupez les ailes en deux au niveau de l'articulation.
**2** Dans un grand saladier, mélangez le poulet, l'ail et le gingembre.
**3** Faites chauffer l'huile dans un wok et faites-y sauter les ailes de poulet en plusieurs fois.
**4** Remettez les ailes de poulet dans le wok et ajoutez le nuoc-mâm, la sauce de soja et le miel. Faites chauffer jusqu'à ce que le mélange soit homogène. Couvrez le wok et faites cuire 10 minutes environ en remuant de temps en temps jusqu'à ce que les ailes de poulet soient entièrement cuites. Parsemez de ciboules.

**à table** en 25 minutes
**pour** 4 personnes **par portion** 17,2 g de lipides (dont 4,9 g d'acides gras saturés) ; 458 cal ; 19,9 g de glucides ; 55,1 g de protéines ; 0,8 g de fibres

# Poulet satay

800 g de filet de poulet coupé en deux
1 c. à s. d'huile d'arachide
2 gros oignons (400 g) grossièrement coupés
1 gousse d'ail pilée
60 ml de bouillon de poulet
160 ml de lait de coco
180 ml de sauce satay

**1** Faites chauffer l'huile dans un wok et faites-y sauter le poulet en plusieurs fois. Réservez.
**2** Faites revenir les oignons dans le wok jusqu'à ce qu'ils soient tendres. Mettez de nouveau le poulet dans le wok ainsi que les ingrédients restants. Faites cuire jusqu'à ce que le liquide épaississe légèrement. Servez, recouvert de ciboules découpées en rubans si vous le souhaitez.

**à table** en 20 minutes
**pour** 4 personnes **par portion** 40,6 g de lipides (dont 14,3 g d'acides gras saturés) ; 627 cal ; 19,7 g de glucides ; 45,2 g de protéines ; 2,6 g de fibres
**note** selon la marque de sauce satay que vous utilisez, votre plat sera plus ou moins relevé.

## Poulet sauté aux légumes et aux nouilles de riz

500 g d'escalopes de poulet coupées en fines tranches
500 g de nouilles de riz larges, fraîches
1 c. à s. d'huile de sésame
250 g de pleurotes finement émincés
60 ml de sauce d'huîtres
1 c. à s. de nuoc-mâm
1 c. à s. de sucre en poudre
2 c. à c. de sambal oelek
250 g de pousses d'épinards
10 g de coriandre fraîche grossièrement hachée

**1** Mettez les nouilles dans un grand saladier résistant à la chaleur et recouvrez-les d'eau bouillante. Séparez ensuite les nouilles à la fourchette puis égouttez-les.
**2** Faites chauffer l'huile dans un wok et faites sauter le poulet en plusieurs fois. Réservez.
**3** Faites cuire les champignons dans le wok afin qu'ils soient tendres. Remettez le poulet dans le wok avec les nouilles, la sauce d'huîtres, le nuoc-mâm, le sucre et le sambal oelek. Faites bien réchauffer le tout.
**4** Retirez du feu. Ajoutez les pousses d'épinards et la coriandre. Mélangez délicatement.

**à table** en 20 minutes
**pour** 4 personnes **par portion** 8,3 g de lipides (dont 1,4 g d'acides gras saturés) ; 368 cal ; 34,6 g de glucides ; 35,4 g de protéines ; 5,3 g de fibres

# Poulet sauté au combava

500 g d'escalopes de poulet coupées en fines tranches
2 c. à s. d'huile végétale
2 courgettes moyennes (240 g) coupées en fines rondelles
20 g (4 cm) de gingembre frais râpé
6 ciboules émincées
125 ml d'eau
2 c. à s. de jus de citron vert
60 ml de sauce d'huîtres
60 ml de sauce aux piments doux
5 feuilles de combava, déchirées
40 g de feuilles de basilic thaï
240 g de germes de soja

**1** Faites chauffer la moitié de l'huile dans un wok et faites-y sauter le poulet en plusieurs fois. Réservez.
**2** Faites chauffer le reste de l'huile dans le wok et faites-y revenir les courgettes, le gingembre et les ciboules jusqu'à ce que les courgettes soient juste tendres.
**3** Remettez le poulet dans le wok et ajoutez-y l'eau, le jus de citron vert, les deux sauces préalablement mélangées et les feuilles de combava. Faites chauffer jusqu'à ce que le poulet soit entièrement cuit. Ajoutez le basilic et les germes de soja. Faites sauter afin que le mélange soit homogène.

**à table** en 25 minutes
**pour** 4 personnes **par portion** 12,8 g de lipides (dont 2 g d'acides gras saturés) ; 287 cal ; 8,6 g de glucides ; 32,1 g de protéines ; 4,2 g de fibres

## Poulet sauté au curry et à la noix de coco

700 de chair de cuisses de poulet, finement émincée
2 c. à s. d'huile d'arachide
1 gros oignon (200 g) finement émincé
2 gousses d'ail pilées
60 g de pâte de curry madras
3 tomates roma moyennes (225 g) coupées en gros morceaux
250 ml de crème de coco
125 ml de bouillon de poulet
2 c. à s. de coriandre fraîche hachée
1 c. à c. de sucre roux
2 c. à s. de jus de citron

**1** Faites chauffer la moitié de l'huile dans un wok et faites-y sauter le poulet en plusieurs fois. Réservez.
**2** Faites chauffer le reste de l'huile dans le wok. Faites revenir l'oignon et l'ail jusqu'à ce que l'oignon soit tendre. Ajoutez la pâte de curry madras et faites revenir afin que les arômes se libèrent.
**3** Remettez le poulet dans le wok et ajoutez les tomates, la crème de coco, le bouillon de poulet, la coriandre, le sucre et le jus de citron. Réchauffez le tout. Servez, accompagné de naans et de riz basmati si vous le souhaitez.

**à table** en 25 minutes
**pour** 4 personnes **par portion** 39,6 g de lipides (dont 17,4 g d'acides gras saturés) ; 540 cal ; 8,8 g de glucides ; 36,4 g de protéines ; 4,3 g de fibres

# Poulet à la toscane

700 g d'escalopes de poulet coupées en fines tranches
½ c. à c. de paprika doux
60 ml d'huile d'olive
2 oignons moyens (300 g) coupés en tranches fines
3 gousses d'ail pilées
2 tomates moyennes (300 g), épépinées et coupées en lanières
1 c. à s. de câpres égouttées
2 c. à s. de concentré de tomates
60 ml de vin blanc sec
60 ml de bouillon de poulet
500 g de fèves surgelées, cuites, peau retirée
15 g de feuilles de basilic fraîches
90 g de tapenade
20 g de copeaux de parmesan

**1** Dans un grand saladier, mélangez le poulet et le paprika.
**2** Faites chauffer 1 cuillerée à soupe d'huile dans un wok et faites-y sauter le poulet, les oignons et l'ail en plusieurs fois. Réservez.
**3** Faites chauffer le reste d'huile dans le wok et faites-y revenir les tomates et les câpres.
**4** Remettez la préparation au poulet dans le wok, ajoutez le concentré de tomates, le vin blanc et le bouillon de poulet préalablement mélangés. Portez à ébullition.
**5** Ajoutez les fèves et le basilic et réchauffez le tout.
**6** Servez la préparation au poulet avec de la tapenade et des copeaux de parmesan.

**à table** en 25 minutes
**pour** 4 personnes **par portion** 20,1 g de lipides (dont 4,1 g d'acides gras saturés) ; 517 cal ; 22,1 g de glucides ; 51,1 g de protéines ; 14,1 g de fibres

WOK

# Nouilles au poulet et aux amandes

700 g d'escalopes de poulet coupées en gros cubes
2 gousses d'ail pilées
60 ml de sauce hoisin
60 ml de kecap manis
2 c. à s. d'huile d'arachide
80 g d'amandes mondées
4 ciboules émincées
1 oignon moyen (150 g) coupé en fines tranches
420 g de nouilles fraîches aux œufs
200 g de chou chinois coupé grossièrement
250 ml de bouillon de poulet

**1** Mélangez le poulet, l'ail, 2 cuillerées à soupe de sauce hoisin et 1 cuillerée à soupe de kecap manis dans un saladier.
**2** Faites chauffer 2 cuillerées à café d'huile dans un wok et faites-y dorer les amandes, puis retirez-les du wok.
**3** Faites chauffer le reste de l'huile dans le wok. Faites sauter le poulet mariné avec l'oignon et les ciboules, par petites quantités. Réservez.
**4** Mettez les nouilles dans un grand bol résistant à la chaleur, couvrez-les d'eau bouillante et laissez-les gonfler 5 minutes. Égouttez-les ensuite.
**5** Remettez le poulet dans le wok avec les amandes, les nouilles, le chou chinois, le bouillon de poulet et le reste de la sauce hoisin et de kecap manis. Faites sauter jusqu'à ce que le chou flétrisse.

**à table** en 20 minutes
**pour** 4 personnes **par portion** 26,7 g de lipides (dont 3,8 g d'acides gras saturés) ; 745 cal ; 65,1 g de glucides ; 56,7 g de protéines ; 7,1 g de fibres

# Poulet à la chermoula

700 g de chair de cuisses de poulet
20 g de feuilles de persil plat grossièrement hachées
1 c. à s. de zeste de citron finement râpé
1 c. à s. de jus de citron
2 c. à c. de curcuma en poudre
½ c. à c. de poivre de Cayenne
1 c. à s. de coriandre en poudre
1 oignon rouge moyen (170 g) finement émincé
2 c. à s. d'huile d'olive
200 g de lentilles corail
625 ml de bouillon de poulet
200 g de pousses d'épinards
20 g de coriandre fraîche grossièrement hachée
20 g de menthe fraîche grossièrement hachée
1 c. à s. de vinaigre de vin rouge
95 g de yaourt

**1** Dans un grand saladier, mélangez le poulet, le persil, le zeste et le jus de citron, les épices, l'oignon et la moitié de l'huile d'olive.
**2** Faites chauffer un wok et faites-y sauter la préparation au poulet en plusieurs fois.
**3** Dans une casserole, mélangez les lentilles et le bouillon de poulet ; portez à ébullition. Réduisez le feu et laissez mijoter 8 minutes sans couvrir puis égouttez les lentilles.
**4** Transférez les lentilles dans un grand saladier avec les épinards, la coriandre, la menthe ainsi que le vinaigre et le reste d'huile préalablement mélangés. Mélangez délicatement.
**5** Servez le poulet sur un lit de lentilles. Agrémentez de yaourt et parsemez de petites feuilles de menthe si vous le souhaitez.

**à table** en 30 minutes
**pour** 4 personnes **par portion** 24,4 g de lipides (dont 6,1 g d'acides gras saturés) ; 535 cal ; 24,5 g de glucides ; 49,9 g de protéines ; 9,8 g de fibres
**note** la chermoula est un mélange marocain d'herbes et d'épices utilisé traditionnellement pour conserver et assaisonner la viande et le poisson. Dans cette recette, la chermoula sert plutôt d'assaisonnement rapide pour le poulet, mais vous pouvez également vous en servir comme sauce ou marinade.

## Poulet aux haricots kilomètres et au basilic

700 g de chair de cuisses de poulet grossièrement effilée
700 g de haricots kilomètres
1 c. à s. d'huile d'arachide
2 oignons blancs moyens (300 g) grossièrement émincés
3 gousses d'ail pilées
1 c. à c. de cinq-épices
125 ml de sauce d'huîtres
2 c. à s. de sauce de soja claire
75 g de noix de cajou grillées
20 g de feuilles de basilic frais

**1** Coupez les haricots kilomètres en tronçons de 5 cm.
**2** Faites chauffer la moitié de l'huile dans un wok et faites-y sauter le poulet en plusieurs fois. Réservez.
**3** Faites chauffer le reste de l'huile dans le wok et faites-y sauter les oignons, l'ail et le cinq-épices jusqu'à ce que les oignons soient tendres. Ajoutez les haricots kilomètres et faites-les cuire jusqu'à ce qu'ils soient tendres.
**4** Remettez le poulet dans le wok avec les deux sauces et les noix de cajou. Faites chauffer afin que la sauce bouille et épaississe légèrement. Ajoutez le basilic juste avant de servir.

**à table** en 20 minutes
**pour** 4 personnes **par portion** 27,4 g de lipides (dont 6,3 g d'acides gras saturés) ; 502 cal ; 17 g de glucides ; 44 g de protéines ; 7 g de fibres
**note** les haricots kilomètres sont des haricots verts longs et fins originaires d'Asie ; remplacez-les par des haricots verts classiques si vous n'en trouvez pas.

# Nouilles sautées au poulet et aux pois mange-tout

600 g d'escalopes de poulet coupées en tranches fines
250 g de nouilles soba
1 c. à s. d'huile d'arachide
200 g de pois mange-tout
2 c. à s. de kecap manis
4 ciboules finement émincées
6 radis (90 g) finement émincés
2 c. à s. de coriandre fraîche hachée

**1** Faites cuire les nouilles dans une grande casserole d'eau bouillante puis égouttez-les. Rincez-les à l'eau froide, puis égouttez-les de nouveau.
**2** Pendant ce temps, faites chauffer la moitié de l'huile dans un wok et faites-y revenir le poulet en plusieurs fois. Réservez.
**3** Faites chauffer le reste de l'huile et faites revenir les pois mange-tout. Remettez le poulet dans le wok avec le kecap manis, les ciboules et les radis. Faites sauter quelques instants.
**4** Dans un grand saladier, mélangez les nouilles et la coriandre puis ajoutez-y le contenu du wok.

**à table** en 25 minutes
**pour** 4 personnes **par portion** 19,1 g de lipides (dont 7,1 g d'acides gras saturés) ; 507 cal ; 36,6 g de glucides ; 42,3 g de protéines ; 6,8 g de fibres

# Méli-mélo sauté au poulet

250 g d'escalopes de poulet coupées en fines tranches
250 g de crevettes moyennes crues
2 c. à s. d'huile d'arachide
2 oignons moyens (300 g) coupés en fines tranches
10 g (2 cm) de gingembre frais finement râpé
2 gousses d'ail pilées
250 g de viande de porc hachée
3 branches de céleri parées (300 g), coupées en fines tranches
1 grosse carotte (180 g) coupée en fines rondelles
225 g de pousses de bambou en boîte, égouttées et émincées
½ petit chou chinois (350 g) finement haché
80 ml de sauce d'huîtres
2 c. à s. de sauce de soja

**1** Décortiquez les crevettes en enlevant la veine noire et en laissant les queues intactes.
**2** Faites chauffer la moitié de l'huile dans un wok. Faites sauter le poulet avec les oignons, l'ail et le gingembre, par petites quantités. Réservez.
**3** Faites chauffer 1 cuillerée à café du reste de l'huile et faites rissoler les crevettes jusqu'à ce qu'elles changent de couleur. Retirez-les du wok.
**4** Faites chauffer 1 cuillerée à café du reste de l'huile et faites-y revenir le porc. Réservez.
**5** Faites chauffer le reste de l'huile dans le wok. Faites sauter le céleri et la carotte. Incorporez la préparation au poulet, les crevettes, le porc, les pousses de bambou, le chou et les deux sauces. Faites revenir en remuant bien jusqu'à ce que le mélange soit chaud.

**à table** en 35 minutes
**pour** 4 personnes **par portion** 15,6 g de lipides (dont 3,8 g d'acides gras saturés) ; 344 cal ; 12 g de glucides ; 36,6 g de protéines ; 4,8 g de fibres

# Larb de poulet

750 g de poulet haché
2 c. à s. de riz blanc à longs grains
1 c. à s. d'huile d'arachide
20 g (une tige de 10 cm) de citronnelle fraîche finement hachée
2 petits piments rouges thaïs frais, finement émincés
2 gousses d'ail pilées
1 c. à s. de galanga frais, finement râpé
1 concombre libanais (130 g), épépiné et coupé en fines rondelles
1 petit oignon rouge (100 g) coupé en fines tranches
100 g de germes de soja
20 g de feuilles de basilic thaï frais
40 g de feuilles de coriandre fraîche
4 grandes feuilles de laitue iceberg

**assaisonnement**
80 ml de jus de citron vert
2 c. à s. de nuoc-mâm
2 c. à s. de kecap manis
2 c. à s. d'huile d'arachide
2 c. à c. de sucre de palme râpé

**1** Préparez l'assaisonnement.
**2** Faites chauffer un wok à sec. Faites-y sauter le riz. Mixez ensuite le riz afin qu'il ressemble à de la fine chapelure.
**3** Faites chauffer l'huile dans le wok et faites sauter la citronnelle, les piments, l'ail et le galanga. Retirez-les du wok.
**4** Faites sauter le poulet en plusieurs fois.
**5** Remettez le poulet et la préparation citronnelle-ail-piment-galanga dans le wok avec un tiers de l'assaisonnement. Faites chauffer 5 minutes.
**6** Versez le reste de l'assaisonnement dans un grand saladier avec le mélange au poulet, le concombre, l'oignon, les germes de soja et les herbes aromatiques. Mélangez. Placez les feuilles de salade sur des assiettes. Répartissez le larb dans les feuilles et parsemez de riz moulu.
**assaisonnement** secouez les ingrédients dans un shaker.

**à table** en 35 minutes
**pour** 4 personnes **par portion** 29,1 g de lipides (dont 7 g d'acides gras saturés) ; 471 cal ; 11,9 g de glucides ; 40 g de protéines ; 0,8 g de fibres

# Poulet à la sauce de soja et au miel

700 g d'escalopes de poulet coupées en fines tranches
90 g de miel
60 ml de sauce de soja
½ c. à c. de cinq-épices en poudre
1 c. à s. de xérès sec
1 gousse d'ail pilée
5 g (1 cm) de gingembre frais râpé
1 c. à s. d'huile d'arachide
1 gros oignon (200 g) coupé en tranches fines
1 c. à s. de graines de sésame
500 g de mini bok choy coupés en quatre
500 g de choy sum grossièrement haché

**1** Dans un petit shaker pour sauce à salade, mélangez le miel, la sauce de soja, le cinq-épices, le xérès, l'ail et le gingembre. Refermez et secouez. Mettez le poulet dans un saladier avec la moitié de cette marinade. Laissez mariner 10 minutes.
**2** Égouttez le poulet, jetez la marinade. Faites chauffer la moitié de l'huile dans un wok. Faites sauter le poulet avec l'oignon, par petites quantités. Réservez.
**3** Faites chauffer le reste de l'huile dans le wok. Faites rissoler les graines de sésame jusqu'à ce qu'elles blondissent, remettez le poulet dans le wok avec les légumes verts et la marinade réservée. Faites réchauffer le tout jusqu'à ce que les légumes flétrissent.

**à table** en 35 minutes
**pour** 4 personnes **par portion** 10,7 g de lipides (dont 2,1 g d'acides gras saturés) ; 380 cal ; 22,5 g de glucides ; 44,6 g de protéines ; 4,3 g de fibres
**conseil** ajoutez 1 piment rouge finement émincé à la marinade si vous le souhaitez.

# Poulet teriyaki aux noix de cajou et aux nouilles

1 kg de chair de cuisses de poulet coupées en fines lamelles
450 g de nouilles hokkien
2 c. à s. d'huile d'arachide
1 oignon moyen (150 g) coupé en fines tranches
1 gousse d'ail pilée
10 g (2 cm) de gingembre frais râpé
1 poivron rouge moyen (200 g) coupé en fines lanières
1 c. à s. de sucre roux
2 c. à s. de sauce de soja
125 ml de sauce teriyaki
500 g de choy sum grossièrement haché
75 g de noix de cajou grillées non salées

**1** Mettez les nouilles dans un grand saladier résistant à la chaleur et recouvrez-les d'eau bouillante. Ensuite, séparez les nouilles à la fourchette puis égouttez-les.
**2** Faites chauffer la moitié de l'huile dans un wok et faites sauter le poulet en plusieurs fois. Réservez.
**3** Faites chauffer le reste de l'huile dans le wok et faites-y revenir l'oignon, l'ail, le gingembre et le poivron 3 minutes environ jusqu'à ce que l'oignon soit juste tendre.
**4** Remettez le poulet dans le wok avec le sucre, les deux sauces et le choy sum. Faites revenir afin que le poulet soit entièrement cuit et le choy sum légèrement flétri. Ajoutez les nouilles et la moitié des noix de cajou. Remuez délicatement. Servez, parsemé du reste des noix de cajou.

**à table** en 35 minutes
**pour** 6 personnes **par portion** 24,9 g de lipides (dont 6 g d'acides gras saturés) ; 503 cal ; 27,6 g de glucides ; 40,4 g de protéines ; 4 g de fibres

# Poulet sauté aux légumes asiatiques

4 escalopes (800 g) de poulet finement émincées
500 g de riz au jasmin
1 c. à s. d'huile de sésame
2 gousses d'ail pilées
1 gros poivron rouge (350 g) coupé en fines lanières
100 g de confiture de piments thaïs
2 c. à s. de sauce aux piments doux
60 ml de bouillon de poulet
500 g de mini bok choy coupés en deux dans le sens de la longueur
225 g de châtaignes d'eau en boîte, égouttées et coupées en deux
4 ciboules émincées
1 c. à s. de graines de sésame grillées

**1** Faites cuire le riz dans une grande casserole d'eau bouillante sans couvrir puis égouttez-le. Couvrez-le pour le garder au chaud.
**2** Pendant ce temps, faites chauffer la moitié de l'huile dans un wok et faites-y sauter le poulet en plusieurs fois. Remettez ensuite tout le poulet dans le wok avec l'ail, le poivron, la confiture de piment, la sauce aux piments doux et le bouillon de poulet. Faites cuire jusqu'à ce que la sauce épaississe légèrement. Retirez la préparation du wok.
**3** Faites chauffer le reste de l'huile dans le wok nettoyé et faites-y sauter le bok choy, les châtaignes d'eau et les ciboules jusqu'à ce que le bok choy commence à flétrir. Ajoutez la préparation au poulet. Remuez bien.
**4** Parsemez de graines de sésame. Servez, accompagné de riz au jasmin.

**à table** en 25 minutes
**pour** 4 personnes **par portion** 13,7 g de lipides (dont 2,7 g d'acides gras saturés) ; 835 cal ; 115,9 g de glucides ; 57,6 g de protéines ; 5,4 g de fibres

# Poulet cajun et salsa à la tomate

750 g d'escalopes de poulet coupées en fines tranches
60 ml d'assaisonnement cajun
2 c. à c. de zeste de citron vert râpé
2 épis de maïs parés (500 g)
2 c. à s. d'huile d'olive
1 petit oignon rouge (100 g) coupé en petits morceaux
**salsa à la tomate**
2 petites tomates roma (120 g) coupées en petits morceaux
2 ciboules émincées
2 c. à c. de jus de citron vert
2 c. à c. de vinaigre balsamique

**1** Préparez la salsa à la tomate.
**2** Dans un grand saladier, mélangez le poulet, l'assaisonnement cajun et le zeste de citron vert. Détachez les grains de maïs des épis.
**3** Faites chauffer la moitié de l'huile dans un wok et faites sauter le poulet en plusieurs fois. Réservez.
**4** Faites chauffer le reste de l'huile dans le wok et faites revenir le maïs et l'oignon jusqu'à ce que ce dernier soit tendre. Remettez le poulet dans le wok et réchauffez le tout.
**5** Servez la préparation au poulet recouverte de salsa à la tomate.
**salsa à la tomate** mélangez les ingrédients dans un petit bol.

**à table** en 35 minutes
**pour** 4 personnes **par portion** 14,6 g de lipides (dont 2,5 g d'acides gras saturés) ; 399 cal ; 17,3 g de glucides ; 47 g de protéines ; 5 g de fibres

# Omelette au poulet et au maïs

700 g de chair de cuisses de poulet
2 œufs
1 c. à s. d'huile d'arachide
130 g de crème de maïs en boîte
20 g (4 cm) de gingembre frais râpé
1 gousse d'ail pilée
1 petit piment rouge thaï épépiné et émincé
1 petit oignon blanc (80 g) émincé
125 ml de bouillon de poulet
100 g de jeunes épis de maïs frais
1 poivron rouge moyen (200 g) coupé en lanières
6 ciboules émincées

**1** Battez les œufs avec 1 cuillerée à café d'huile dans un bol.
**2** Faites chauffer l'huile dans le wok. Mettez-y la moitié des œufs en les faisant tourner pour former une omelette mince. Retirez-la du wok. Répétez l'opération avec le reste des œufs pour confectionner une seconde omelette. Roulez les omelettes très serrées puis coupez-les en tranches fines.
**3** Mixez la crème de maïs, le gingembre, l'ail, le piment, l'oignon blanc et le bouillon de poulet jusqu'à obtention d'une pâte presque lisse.
**4** Coupez chaque morceau de poulet en trois.
**5** Faites chauffer le reste de l'huile dans le wok et faites sauter le poulet, par petites quantités jusqu'à ce qu'il soit cuit et bien doré. Réservez.
**6** Faites revenir les épis de maïs et le poivron jusqu'à ce qu'ils soient tendres. Remettez le poulet dans le wok avec la crème de maïs assaisonnée. Faites sauter jusqu'à ébullition de la sauce.
**7** Ajoutez les ciboules et les tranches d'omelette. Faites sauter afin de bien mélanger la préparation.

**à table** en 35 minutes
**pour** 4 personnes **par portion** 20,6 g de lipides (dont 5,6 g d'acides gras saturés) ; 403 cal ; 13,7 g de glucides ; 39,3 g de protéines ; 3,6 g de fibres

# Nouilles sautées au poulet et au bok choy

500 g de poulet haché
250 g de nouilles de riz fines, sèches
1 c. à s. d'huile d'arachide
3 œufs légèrement battus
1 oignon moyen (150 g) finement émincé
2 gousses d'ail pilées
10 g (2 cm) de gingembre frais râpé
500 g de mini bok choy grossièrement haché
60 ml de sauce de soja
20 g de coriandre finement hachée
240 g de germes de soja

**1** Placez les nouilles dans un grand saladier résistant à la chaleur et recouvrez-les d'eau bouillante. Laissez-les gonfler 5 minutes puis égouttez-les.
**2** Badigeonnez un wok chaud avec un peu d'huile. Ajoutez la moitié des œufs mélangés, inclinez le wok pour en recouvrir le fond. Quand l'omelette est cuite, retirez-la du wok. Répétez l'opération avec le reste des œufs. Roulez les deux omelettes très serrées puis coupez-les en fines tranches.
**3** Faites chauffer le reste de l'huile dans le wok. Faites-y sauter l'oignon, l'ail et le gingembre jusqu'à ce que l'oignon soit tendre. Ajoutez le poulet et faites-le cuire. Ajoutez les bok choy, la sauce de soja et la coriandre. Faites cuire jusqu'à ce que le bok choy commence à flétrir. Ajoutez les nouilles et les germes de soja. Parsemez de tranches d'omelette et servez.

**à table** en 30 minutes
**pour** 4 personnes **par portion** 19,1 g de lipides (dont 5 g d'acides gras saturés) ; 383 cal ; 15,7 g de glucides ; 34,7 g de protéines ; 4,7 g de fibres

# Poulet sauté à la sauce d'huîtres

750 g de chair de cuisses de poulet finement émincée
1 c. à s. d'huile de sésame
1 c. à s. d'huile d'arachide
175 g de brocolini coupés grossièrement
230 g de jeunes épis de maïs frais, coupés en deux
dans le sens de la longueur
2 gousses d'ail pilées
125 ml de sauce d'huîtres
1 c. à s. de vinaigre de vin de riz
2 c. à s. d'eau
40 g de ciboulette chinoise fraîche grossièrement hachée

**1** Faites chauffer la moitié du mélange des deux huiles dans un wok et faites-y sauter le poulet en plusieurs fois. Réservez.
**2** Faites chauffer le reste des huiles dans le wok et faites-y revenir le brocolini, le maïs et l'ail jusqu'à ce que les légumes soient juste tendres.
**3** Remettez le poulet dans le wok avec la sauce d'huîtres, le vinaigre et l'eau préalablement mélangés. Réchauffez bien le tout. Incorporez la ciboulette puis servez.

**à table** en 25 minutes
**pour** 4 personnes **par portion** 23,9 g de lipides (dont 5,6 g d'acides gras saturés) ; 458 cal ; 18,2 g de glucides ; 40,6 g de protéines ; 4,8 g de fibres

# Poulet chengdu

800 g d'escalopes de poulet coupées en morceaux
2 c. à s. de sauce de soja claire
2 c. à s. de vin de cuisine chinois
1 c. à c. d'huile de sésame
60 ml d'huile d'arachide
300 g d'épinards parés et grossièrement hachés
2 gousses d'ail pilées
10 g (2 cm) de gingembre frais râpé
4 ciboules émincées
1 c. à s. de vinaigre de riz
1 c. à c. de sucre en poudre
2 c. à s. de zeste d'orange finement râpé
2 c. à s. de sambal oelek
1 c. à c. de poivre de Sichuan moulu

**1** Dans un grand saladier, mélangez le poulet, la moitié de la sauce de soja, la moitié du vin de cuisine et la moitié de l'huile de sésame.
**2** Faites chauffer 1 cuillerée à soupe d'huile d'arachide dans un wok et faites-y sauter les épinards jusqu'à ce qu'ils commencent à flétrir. Retirez-les du wok et couvrez-les pour les garder au chaud.
**3** Faites chauffer la moitié de l'huile d'arachide restant dans le wok et faites cuire la préparation au poulet en plusieurs fois jusqu'à ce qu'il soit doré. Faites chauffer le reste de l'huile d'arachide dans le wok et faites sauter l'ail, le gingembre et les ciboules.
**4** Remettez le poulet et la sauce de soja, le vin et l'huile de sésame dans le wok avec le vinaigre, le sucre, le zeste d'orange et le sambal oelek. Faites sauter jusqu'à ce que le poulet soit entièrement cuit.
**5** Servez le poulet sur un lit d'épinards. Saupoudrez de poivre de Sichuan.

**à table** en 35 minutes
**pour** 4 personnes **par portion** 19,8 g de lipides (dont 3,8 g d'acides gras saturés) ; 409 cal ; 5,7 g de glucides ; 48 g de protéines ; 2,1 g de fibres

à la poêle

À LA POÊLE

# Farfalle au poulet, à la ricotta, aux épinards et à la tomate

600 g de filet de poulet coupé en morceaux
375 g de farfalle
1 c. à s. d'huile d'olive
1 oignon moyen (150 g) finement émincé
1 gousse d'ail pilée
150 g de jeunes pousses d'épinards
200 g de ricotta
1 œuf
2 c. à c. de zeste de citron finement râpé
2 c. à s. de jus de citron
200 g de tomates raisins coupées en deux
20 g de parmesan finement râpé
poivre noir

**1** Faites cuire les pâtes dans une grande casserole d'eau bouillante sans couvrir, puis égouttez-les.
**2** Pendant ce temps, faites chauffer l'huile dans une grande poêle profonde. Faites revenir l'oignon et l'ail en remuant jusqu'à ce que l'oignon soit tendre. Ajoutez le poulet et faites cuire à feu moyen 5 minutes en remuant.
**3** Versez la préparation au poulet et les pâtes égouttées dans un grand saladier avec les épinards, la ricotta, l'œuf mélangé, le zeste et le jus de citron et les tomates. Mélangez délicatement.
**4** Servez, parsemé de parmesan et de poivre noir en grains fraîchement moulu.

**à table** en 25 minutes
**pour** 4 personnes **par portion** 20,7 g de lipides (dont 7,7 g d'acides gras saturés) ; 682 cal ; 67,7 g de glucides ; 52,2 g de protéines ; 5,6 g de fibres

# Poulet au citron et aux anchois, et courge à l'ail

4 escalopes de poulet (800 g)
800 g de courge musquée épluchée
2 c. à s. d'huile d'olive
4 gousses d'ail coupées en tranches fines
125 ml de bouillon de poulet
12 feuilles de sauge fraîches
40 g de beurre
3 filets d'anchois égouttés et finement émincés
1 c. à s. de jus de citron

**1** Coupez la courge en morceaux de 1,5 cm. Faites chauffer la moitié de l'huile dans une grande poêle et faites cuire la courge et l'ail en remuant jusqu'à ce qu'il commence à dorer. Ajoutez 2 cuillerées à soupe de bouillon de poulet, couvrez et laissez mijoter 5 minutes afin que la courge soit tendre. Incorporez la sauge.
**2** Pendant ce temps, coupez les escalopes de poulet en deux dans le sens de l'épaisseur pour obtenir 8 morceaux fins. Faites fondre la moitié du beurre et le reste de l'huile dans une grande poêle. Faites frire le poulet jusqu'à ce qu'il soit doré des deux côtés et entièrement cuit. Retirez le poulet de la poêle et gardez-le au chaud.
**3** Dans la même poêle, ajoutez le reste du beurre et les anchois. Faites cuire en remuant jusqu'à ce que le beurre soit fondu. Ajoutez le jus de citron et le reste du bouillon de poulet. Laissez mijoter sans couvrir 1 minute jusqu'à ce que le bouillon ait légèrement réduit.
**4** Servez la courge recouverte de poulet et de sauce aux anchois. Accompagnez le tout d'une salade de roquette ou d'une salade verte si vous le souhaitez.

**à table** en 25 minutes
**pour** 4 personnes **par portion** 23,4 g de lipides (dont 8,6 g d'acides gras saturés) ; 471 cal ; 11,2 g de glucides ; 52,7 g de protéines ; 2,5 g de fibres

À LA POÊLE

# Pâtes au poulet, au chorizo et au poivron

400 d'escalopes de poulet coupées en fines tranches
375 g de caserecci (ou autres pâtes courtes)
80 ml d'huile d'olive vierge extra
1 chorizo pimenté (300 g) coupé en fines tranches
1 poivron rouge moyen (200 g) coupé en fines lanières
2 gousses d'ail pilées
60 g d'olives vertes
20 g de persil plat grossièrement haché

**1** Faites cuire les pâtes dans une grande casserole d'eau bouillante sans couvrir, puis égouttez-les.
**2** Pendant ce temps, faites chauffer 1 cuillerée à soupe d'huile dans une grande poêle et faites revenir le chorizo et le poivron, en remuant, jusqu'à ce que le poivron soit tendre. Retirez-les de la poêle.
**3** Faites cuire le poulet dans la même poêle, en remuant, jusqu'à ce qu'il dore et soit entièrement cuit.
**4** Ajoutez l'ail et les olives vertes au poulet. Faites cuire 2 minutes en remuant. Mélangez le poulet, le reste de l'huile, le mélange chorizo-poivrons, le persil et les pâtes.

**à table** en 30 minutes
**pour** 4 personnes **par portion** 47,5 g de lipides (dont 12,7 g d'acides gras saturés) ; 910 cal ; 71,1 g de glucides ; 47,5 g de protéines ; 4,7 g de fibres

## Ailerons de poulet au sumac et salade de tomates et de roquette

20 ailerons de poulet (1,4 kg)
25 g de sumac
60 ml d'huile d'olive
1 concombre libanais (130 g) coupé en deux dans le sens de la longueur, puis en grosses rondelles
2 tomates moyennes (300 g) coupées en quartiers
1 poivron vert moyen (200 g) coupé en fines lanières
30 g de persil plat frais grossièrement haché
10 g de menthe fraîche grossièrement hachée
50 g de jeunes pousses de roquette
2 c. à s. de jus de citron

**1** Dans un grand saladier, mélangez le poulet et le sumac.
**2** Faites chauffer 2 cuillerées à soupe d'huile dans une grande poêle et faites-y frire le poulet en plusieurs fois en couvrant et en remuant de temps en temps.
**3** Dans un grand saladier, mettez le reste de l'huile avec le concombre, les tomates, le poivron, les herbes, la roquette et le jus de citron. Mélangez délicatement.
**4** Servez le poulet accompagné de la salade.

**à table** en 30 minutes
**pour** 4 personnes **par portion** 34,9 g de lipides (dont 8,3 g d'acides gras saturés) ; 475 cal ; 3,8 g de glucides ; 35,6 g de protéines  2,4 g de fibres

À LA POÊLE

# Poulet aux pistaches et purée de patates douces

4 escalopes de poulet (800 g)
2 patates douces (800 g) à chair orangée, coupées en gros cubes
80 ml de lait chaud
20 g de beurre
2 c. à c. d'huile d'olive
125 ml de vin blanc sec
125 ml de bouillon de poulet
160 ml de crème fraîche
2 c. à s. d'eau chaude
2 c. à c. de feuilles de thym citronné fraîches
35 g de pistaches décortiquées, grillées et grossièrement concassées
350 g de haricots verts

**1** Faites cuire les patates douces à l'eau ou à la vapeur puis égouttez-les. Écrasez-les en purée en ajoutant progressivement le lait chaud et la moitié du beurre.
**2** Coupez les escalopes de poulet en deux dans le sens de l'épaisseur, puis faites-les frire dans une poêle où vous aurez fait chauffer l'huile et la seconde moitié du beurre. Quand elles sont cuites, retirez-les de la poêle et gardez-les au chaud entre deux assiettes.
**3** Versez le vin dans la même poêle et portez-le à ébullition en remuant. Ajoutez ensuite le bouillon de poulet et la crème fraîche puis laissez frémir 10 minutes environ pour faire épaissir la sauce. Ajoutez enfin l'eau chaude, le thym et les pistaches.
**4** Faites cuire les haricots verts dans l'eau bouillante salée : comptez 6 minutes environ pour qu'ils restent croquants.
**5** Répartissez sur les assiettes la purée de patates douces et les haricots verts puis les morceaux de poulet. Nappez ces derniers de sauce et servez sans attendre.

**à table** en 35 minutes
**pour** 4 personnes **par portion** 30,7 g de lipides (dont 14,8 g d'acides gras saturés) ; 604 cal ; 30 g de glucides ; 47,3 g de protéines; 6,2 g de fibres

# Poulet thaï au bok choy

8 cuisses de poulet désossées (880 g)
1 c. à s. d'huile d'arachide
300 g de mini bok choy coupés en quatre
1 citron vert coupé en 4 tranches
2 ciboules émincées
10 g de feuilles de coriandre
**assaisonnement**
1 c. à s. de nuoc-mâm
2 c. à s. de jus de citron vert
2 c. à s. de sucre de palme râpé
1 gousse d'ail pilée
1 petit piment rouge thaï émincé

**1** Faites chauffer l'huile dans un wok ou une grande poêle et faites-y dorer le poulet. Procédez en plusieurs fois. Réservez.
**2** Préparez l'assaisonnement.
**3** Faites cuire les bok choy à la vapeur puis gardez-les au chaud.
**4** Faites revenir dans le même wok les tranches de citron vert.
**5** Répartissez les morceaux de poulet, les tranches de citron vert et les bok choy sur les assiettes. Nappez d'assaisonnement puis décorez de ciboules et de coriandre. Servez avec du riz au jasmin, si vous le souhaitez.
**assaisonnement** mélangez tous les ingrédients dans un shaker pour sauce à salade, refermez et secouez.

**à table** en 25 minutes
**pour** 4 personnes **par portion** 20,7 g de lipides (dont 5,7 g d'acides gras saturés) ; 388 cal ; 7,9 g de glucides ; 42,5 g de protéines ; 1,8 g de fibres

## Poulet à la crème, à l'estragon et aux pommes de terre rissolées

8 cuisses de poulet désossées (880 g)
huile végétale pour friture
500 g de dés de pommes de terre surgelés
35 g de farine
1 c. à s. d'huile d'olive
2 c. à s. d'estragon frais
60 ml de vin blanc sec
125 ml de bouillon de poulet
60 ml de crème épaisse
200 g de haricots verts

**1** Faites chauffer l'huile végétale dans une grande poêle et faites rissoler les pommes de terre en plusieurs fois jusqu'à ce qu'elles soient croustillantes. Retirez-les de la poêle à l'aide d'une écumoire puis égouttez-les sur du papier absorbant.
**2** Passez le poulet dans la farine puis tapotez-le pour en enlever l'excédent. Faites chauffer l'huile d'olive à feu vif dans une grande poêle, ajoutez le poulet, côté plat dessous, et faites frire de façon que la face inférieure soit dorée. Retournez le poulet, parsemez d'estragon, couvrez et poursuivez la cuisson jusqu'à ce que la viande soit entièrement cuite. Retirez-les de la poêle.
**3** Versez le vin et le bouillon de poulet dans la même poêle puis portez à ébullition. Laissez mijoter en remuant jusqu'à ce que la sauce ait réduit de moitié. Ajoutez la crème épaisse et remuez pour lisser le mélange.
**4** Faites cuire les haricots verts à l'eau, à la vapeur ou au micro-ondes puis égouttez-les.
**5** Servez le poulet à la sauce, accompagné des pommes de terre et des haricots verts.

**à table** en 35 minutes
**pour** 4 personnes **par portion** 46,5 g de lipides (dont 15,7 g d'acides gras saturés) ; 895 cal ; 64 g de glucides ; 49,7 g de protéines ; 7,4 g de fibres

## Poulet à la moutarde et aux tomates séchées

4 escalopes de poulet (800 g)
30 g de beurre
1 gousse d'ail pilée
180 ml de bouillon de poulet
1 c. à s. de moutarde à l'ancienne
35 g de tomates séchées, égouttées et finement hachées
4 ciboules émincées

**1** Faites chauffer le beurre dans une grande poêle et faites-y fondre l'ail 1 minute, en remuant. Faites cuire le poulet quelques minutes de chaque côté jusqu'à ce qu'il soit bien doré. Réservez.
**2** Versez le bouillon de poulet dans la poêle et portez-le à ébullition. Réduisez le feu et laissez frémir 5 minutes, à découvert. Incorporez la moutarde et les tomates séchées, puis les ciboules.
**3** Avant de le servir, coupez le poulet en lamelles épaisses et nappez-les de sauce.

**à table** en 25 minutes
**pour** 4 personnes **par portion** 11,8 g de lipides (dont 5,4 g d'acides gras saturés) ; 316 cal ; 4,2 g de glucides ; 47,2 g de protéines ; 1,8 g de fibres

# Poulet au citron

4 escalopes de poulet (800 g)
2 blancs d'œufs légèrement battus
75 g de farine
30 g de beurre
2 c. à s. d'huile végétale
1 ½ c. à s. de farine de maïs
1 c. à s. de sucre roux
125 ml de jus de citron
5 g (1 cm) de gingembre frais râpé
1 c. à c. de sauce de soja
250 ml de bouillon de poulet

**1** À l'aide d'un attendrisseur à viande, aplatissez délicatement les escalopes de poulet entre deux feuilles de film alimentaire jusqu'à ce qu'elles fassent 1 cm d'épaisseur.
**2** Trempez les escalopes de poulet dans le blanc d'œuf. Passez-les ensuite dans la farine puis tapotez-les légèrement pour en enlever l'excédent.
**3** Faites chauffer le beurre et l'huile dans une grande poêle et faites-y frire les escalopes de poulet en plusieurs fois. Égouttez-les sur du papier absorbant.
**4** Dans une petite casserole, mélangez la farine de maïs, le sucre et le jus de citron. Ajoutez le gingembre, la sauce de soja et le bouillon de poulet. Portez à ébullition et laissez bouillir, en remuant, jusqu'à ce que la sauce épaississe.
**5** Coupez les escalopes en morceaux, nappez-les de sauce et servez.

**à table** en 30 minutes
**pour** 4 personnes **par portion** 20,5 g de lipides (dont 6,6 g d'acides gras saturés) ; 474 cal ; 21,5 g de glucides ; 50,1 g de protéines ; 0,8 g de fibres

# Gnocchis et poulet à la crème

900 g de chair de cuisses de poulet
1 c. à s. d'huile d'olive
2 gousses d'ail pilées
2 échalotes (50 g) émincées
100 g de champignons shiitake émincés
125 ml de vin blanc sec
75 g de pesto de tomates séchées
300 ml de crème liquide
25 g de basilic haché
625 g de gnocchis de pommes de terre frais

**1** Coupez le poulet en gros morceaux. Faites chauffer l'huile dans une grande poêle antiadhésive, puis faites-y dorer le poulet de toutes parts. Gardez-le ensuite au chaud entre deux assiettes.
**2** Dans la même poêle, faites revenir l'ail, les échalotes et les champignons. Au bout de 2 minutes, mouillez avec le vin et laissez frémir sans couvrir pour que le liquide réduise un peu. Incorporez alors le pesto de tomates séchées et la crème liquide. Portez à ébullition puis retirez du feu et ajoutez le basilic.
**3** Plongez les gnocchis dans un grand volume d'eau bouillante salée. Dès qu'ils remontent à la surface, retirez-les à l'aide d'une écumoire et égouttez-les dans une passoire.
**4** Répartissez le poulet et les gnocchis dans les assiettes. Nappez-les de sauce aux champignons et dégustez sans attendre.

**à table** en 35 minutes
**pour** 4 personnes **par portion** 49,2 g de lipides (dont 20,9 g d'acides gras saturés) ; 880 cal ; 52,1 g de glucides ; 52,9 g de protéines ; 5 g de fibres

# Poulet au persil et au citron

8 cuisses de poulet désossées (880 g)
50 g de farine
1 c. à s. d'huile d'olive
20 g de beurre
40 g de persil plat frais grossièrement ciselé
2 c. à s. de jus de citron
350 g de haricots verts extra-fins
**polenta**
750 ml d'eau chaude
250 ml de bouillon de poulet
170 g de polenta précuite
20 g de beurre
40 g de parmesan râpé

**1** Passez le poulet dans la farine, puis tapotez-le pour en enlever l'excédent.
**2** Faites chauffer l'huile et le beurre dans une grande poêle et faites-y cuire le poulet : il doit être doré des deux côtés. Parsemez-le de persil, arrosez-le du jus de citron et retournez-le pour bien l'en enrober.
**3** Préparez la polenta.
**4** Faites cuire les haricots verts dans de l'eau bouillante puis égouttez-les.
**5** Servez le poulet accompagné de polenta.
**polenta** versez l'eau et le bouillon de poulet dans une grande casserole, portez à ébullition puis baissez le feu : maintenez un léger frémissement. Versez la polenta en pluie fine et laissez-la cuire environ 5 minutes à découvert, en remuant régulièrement. La polenta doit être épaisse et moelleuse. Incorporez le beurre et le parmesan pour finir puis servez.

**à table** en 30 minutes
**pour** 4 personnes **par portion** 33,1 g de lipides (dont 13,1 g d'acides gras saturés) ; 681 cal ; 41,2 g de glucides ; 52,6 g de protéines ; 4,8 g de fibres

# Poulet aux herbes et aux tomates rôties

4 escalopes de poulet (800 g)
10 g de ciboulette fraîche finement ciselée
10 g d'origan frais finement haché
2 gousses d'ail pilées
1 c. à s. d'huile d'olive
500 g de tomates cerises
80 ml de sauce aux piments doux
250 g d'asperges parées

**1** Préchauffez le four à 180 °C ou à 160 °C pour un four à chaleur tournante.
**2** Dans un grand saladier, mélangez les escalopes de poulet, la ciboulette, l'origan, l'ail et l'huile d'olive.
**3** Faites dorer les escalopes dans une grande poêle huilée. Transférez-les dans un plat creux allant au four avec les tomates préalablement mélangées à la sauce aux piments doux.
**4** Enfournez sans couvrir pour 15 minutes jusqu'à ce que les escalopes soient entièrement cuites.
**5** Faites cuire les asperges à l'eau, à la vapeur ou au micro-ondes.
**6** Servez les escalopes accompagnées de tomates et d'asperges.

**à table** en 35 minutes
**pour** 4 personnes **par portion** 9,9 g de lipides (dont 2 g d'acides gras saturés) ; 317 cal ; 7,5 g de glucides ; 47,2 g de protéines ; 3,9 g de fibres

## Poulet à la thaïlandaise et riz blanc

4 escalopes de poulet (800 g)
10 g (2 cm) de gingembre frais râpé
3 gousses d'ail pilées
1 c. à s. de citronnelle fraîche finement ciselée
60 ml de sauce aux piments doux
60 ml de jus de citron vert
30 g de feuilles de coriandre fraîche finement ciselées
400 g de riz blanc à longs grains
180 ml de bouillon de poulet
2 c. à c. de farine de maïs

**1** Dans un grand saladier, mélangez le gingembre, l'ail, la citronnelle, la sauce aux piments doux, le jus de citron vert et la moitié de la coriandre puis ajoutez les escalopes de poulet.
**2** Faites cuire le riz, puis égouttez-le et incorporez-y le reste de coriandre.
**3** Égouttez les escalopes au-dessus du saladier et réservez la marinade. Faites-les cuire sans couvrir, dans une grande poêle antiadhésive, jusqu'à ce qu'elles soient bien dorées des deux côtés. Laissez reposer 5 minutes, puis coupez-les en tranches épaisses.
**4** Pendant ce temps, délayez dans un bol la farine de maïs dans 2 cuillerées à soupe de bouillon de poulet. Versez le reste du bouillon dans une casserole, ajoutez la marinade et portez à ébullition. Baissez le feu et laissez frémir en ajoutant la farine de maïs délayée. Portez à ébullition et laissez épaissir pendant 5 minutes, sans cesser de remuer.
**5** Dressez les escalopes de poulet sur le riz et nappez de sauce.

**à table** en 30 minutes
**pour** 4 personnes **par portion** 5,8 g de lipides (dont 1,5 g d'acides gras saturés) ; 312 cal ; 84,2 g de glucides ; 52,9 g de protéines ; 1,1 g de fibres

# Pitas garnis au poulet

8 filets de poulet (600 g)
2 c. à c. de sel aux herbes
2 c. à c. d'huile d'olive
1 oignon moyen (150 g) coupé en fines tranches
75 g de mayonnaise
2 c. à c. d'eau
2 c. à c. de moutarde à l'ancienne
4 pitas
4 feuilles de salade feuille de chêne verte
8 rondelles de concombre mariné, égoutté
2 petites tomates roma (120 g) coupées en fines tranches

**1** Dans un saladier, mélangez le poulet et le sel aux herbes.
**2** Faites chauffer l'huile d'olive dans une grande poêle et faites-y revenir l'oignon, en remuant, jusqu'à ce qu'il soit tendre. Retirez-le de la poêle et gardez-le au chaud.
**3** Faites cuire le poulet dans la même poêle.
**4** Dans un petit bol, mélangez la mayonnaise, l'eau et la moutarde.
**5** Ouvrez chaque pita. Garnissez-les de feuilles de salade, de concombres marinés, de poulet, de tomates, de tranches d'oignons et de mayonnaise à la moutarde.

**à table** en 20 minutes
**pour** 4 personnes **par portion** 17,6 g de lipides (dont 3,6 g d'acides gras saturés) ; 434 cal ; 29,7 g de glucides ; 37,2 g de protéines ; 3,3 g de fibres

À LA POÊLE

# Riz au poulet et au soja

500 g d'escalopes de poulet coupées en fines lamelles
4 champignons shiitake séchés
10 g (2 cm) de gingembre frais râpé
2 c. à s. de sauce de soja
½ c. à c. d'huile de sésame
½ c. à c. de farine de maïs
½ c. à c. de sucre en poudre
1 c. à c. de vin de cuisine chinois
1 c. à s. d'eau
300 g de riz au jasmin
500 ml d'eau supplémentaire
1 saucisse chinoise (lup chong) coupée en fines rondelles
2 ciboules émincées

**1** Mettez les champignons dans un petit saladier résistant à la chaleur et recouvrez-les d'eau bouillante. Laissez-les reposer 10 minutes environ jusqu'à ce qu'ils soient tendres puis égouttez-les. Jetez les pieds et émincez finement les chapeaux.
**2** Mélangez le poulet, le gingembre, la sauce de soja, l'huile de sésame, la farine de maïs, le sucre, le vin de cuisine et l'eau dans un grand saladier.
**3** Rincez le riz sous l'eau froide jusqu'à ce que le filet d'eau soit clair.
**4** Versez le riz et l'eau supplémentaire dans une grande casserole et portez à ébullition. Réduisez à feu doux, couvrez hermétiquement et faites cuire 10 minutes, sans remuer ni retirer le couvercle.
**5** Égouttez le poulet et réservez la marinade. Mettez le poulet, la saucisse et les champignons sur le riz ; couvrez hermétiquement et faites cuire 5 minutes environ, afin que le poulet soit entièrement cuit.
**6** Dans une petite casserole, portez la marinade réservée à ébullition puis laissez mijoter 1 minute.
**7** Versez la sauce en filet sur le poulet et le riz, parsemez de ciboules et mélangez.

**à table** en 35 minutes
**pour** 4 personnes **par portion** 12,9 g de lipides (dont 2,1 g d'acides gras saturés) ; 389 cal ; 27,1 g de glucides ; 39,1 g de protéines ; 3,1 g de fibres
**conseil** si vous le souhaitez, remplacez le vin de cuisine chinois par du xérès sec.

… À LA POÊLE

# Galettes de poulet et de jambon

1 kg de poulet haché
250 g de jambon blanc coupé en fines lanières
2 c. à s. de coriandre fraîche hachée
1 gousse d'ail pilée
3 ciboules finement émincées
70 g de chapelure
60 ml d'huile d'olive
**sauce**
2 c. à s. de sauce de soja
1 c. à s. de sauce aux piments doux

**1** Préparez la sauce.
**2** Dans un grand bol, mélangez tous les ingrédients, excepté l'huile d'olive. Façonnez des galettes plates d'environ 50 g.
**3** Faites chauffer l'huile dans une poêle et faites frire les galettes en plusieurs fois jusqu'à ce qu'elles soient dorées des deux côtés.
**4** Servez les galettes, accompagnées de la sauce et de roquette si vous le souhaitez.
**sauce** mélangez les ingrédients dans un petit bol.

**à table** en 25 minutes
**pour** 6 personnes **par portion** 24,6 g de lipides (dont 5,9 g d'acides gras saturés) ; 424 cal ; 8,8 g de glucides ; 41,4 g de protéines ; 0,8 g de fibres

À LA POÊLE

# Pollo parmigiana

2 escalopes de poulet (400 g)
2 c. à s. de farine
1 œuf
1 c. à s. de lait
70 g de chapelure
60 ml d'huile végétale
85 g de sauce tomate en bocal, réchauffée
4 tranches de jambon blanc (185 g)
100 g de gruyère grossièrement râpé

**1** Préchauffez le gril.
**2** Coupez les escalopes de poulet en deux dans le sens de l'épaisseur. Passez-les dans la farine puis tapotez-les pour en enlever l'excédent. Trempez les morceaux de poulet, un par un, dans l'œuf et le lait mélangés, puis dans la chapelure.
**3** Faites chauffer l'huile dans une grande poêle ; faites frire les escalopes en plusieurs fois jusqu'à ce qu'elles soient dorées et entièrement cuites. Égouttez-les sur du papier absorbant.
**4** Disposez les escalopes sur une plaque de cuisson, versez un peu de sauce tomate dessus, et recouvrez avec le jambon et le gruyère. Passez au gril jusqu'à ce que le fromage fonde. Servez, accompagné d'une salade de jeunes pousses de roquette et de parmesan si vous le souhaitez.

**à table** en 30 minutes
**pour** 4 personnes **par portion** 28,6 g de lipides (dont 8,7 g d'acides gras saturés) ; 503 cal ; 17,9 g de glucides ; 43,3 g de protéines ; 1,3 g de fibres

# Poulet aux poivrons, aux haricots et à l'ail, et crème aux herbes

4 escalopes de poulet (800 g)
2 c. à s. d'huile d'olive
4 ciboules émincées
2 c. à c. de farine de maïs
375 ml de bouillon de poulet
80 g de fromage à l'ail et aux fines herbes, émietté
1 c. à s. de persil plat frais haché
1 c. à s. de ciboulette fraîche ciselée
20 g de beurre
200 g de haricots verts coupés en deux
1 gousse d'ail pilée
1 poivron vert moyen (200 g) coupé en fines lanières
1 poivron rouge moyen (200 g) coupé en fines lanières

**1** Coupez les escalopes en deux dans le sens de l'épaisseur.
**2** Faites chauffer l'huile d'olive dans une grande poêle et faites-les frire en plusieurs fois à feu vif jusqu'à ce qu'elles soient dorées des deux côtés. Retirez-les de la poêle et couvrez-les pour les garder au chaud.
**3** Ajoutez les ciboules dans la même poêle et faites-les revenir quelques instants. Ajoutez la farine de maïs délayée dans le bouillon. Remuez jusqu'à ce que le mélange bouille et épaississe. Ajoutez le fromage et remuez jusqu'à ce qu'il fonde. Incorporez les herbes.
**4** Faites fondre le beurre dans une autre poêle et faites-y cuire les haricots verts en remuant afin qu'ils soient presque tendres. Ajoutez l'ail et les deux poivrons. Faites cuire en remuant jusqu'à ce que tous les légumes soient tendres.
**5** Servez les escalopes avec les légumes, la sauce et du pain si vous le souhaitez.

**à table** en 35 minutes
**pour** 4 personnes **par portion** 23,8 g de lipides (dont 8,8 g d'acides gras saturés) ; 465 cal ; 6,7 g de glucides ; 54,6 g de protéines ; 2,8 g de fibres

# Burgers au poulet

500 g de poulet haché
1 courgette moyenne (120 g) grossièrement hachée
1 carotte moyenne (120 g) grossièrement hachée
2 c. à s. de farine
2 c. à c. d'assaisonnement cajun
4 petits pains au blé complet
2 tomates moyennes (300 g) épépinées et coupées en petits dés
1 c. à s. de ciboulette fraîche ciselée
2 c. à c. d'huile d'olive
4 grandes feuilles de laitue
85 g de crème aigre
¼ de c. à c. de paprika fort

**1** Avec les mains, mélangez le poulet, la courgette, la carotte, la farine et l'assaisonnement cajun dans un grand saladier. Façonnez 4 galettes de cette préparation. Faites frire les galettes dans une grande poêle chaude et huilée jusqu'à ce qu'elles soient dorées des deux côtés.
**2** Coupez les petits pains en deux et faites-les dorer au gril, les faces coupées vers le haut. Dans un petit bol, mélangez les tomates, la ciboulette et l'huile d'olive.
**3** Tartinez le pain de crème aigre mélangé au paprika. Disposez sur chaque base de pain 1 feuille de laitue, 1 galette au poulet, ¼ de mélange à la tomate et un peu de crème aigre au paprika. Refermez les sandwichs.

**à table** en 25 minutes
**pour** 4 personnes **par portion** 23,6 g de lipides (dont 9 g d'acides gras saturés) ; 555 cal ; 46,4 g de glucides ; 35,3 g de protéines ; 7,9 g de fibres

# Poulet satay et au yaourt

750 g de filets de poulet
525 g de sauce satay en bouteille
1 c. à s. d'huile d'olive
2 grands oignons (400 g) coupés en morceaux
250 g de tomates cerises coupées en deux
15 g de feuilles de basilic fraîches déchirées
200 g de yaourt
2 c. à s. de sauce aux piments doux

**1** Dans un grand saladier, mélangez le poulet et 125 ml de sauce satay. Laissez mariner 5 minutes.
**2** Faites cuire le poulet en plusieurs fois dans une grande poêle chaude et huilée. Couvrez-le ensuite pour le maintenir au chaud.
**3** Dans la même poêle, faites chauffer l'huile d'olive et faites-y revenir les oignons en remuant jusqu'à ce qu'ils soient tendres. Ajoutez le reste de la sauce satay, les tomates et le basilic. Faites revenir 5 minutes environ en remuant afin que le tout soit bien chaud.
**4** Remettez le poulet dans la poêle et remuez bien pour l'enrober de sauce satay aux légumes. Servez le poulet accompagné de yaourt mélangé à la sauce aux piments doux.

**à table** en 30 minutes
**pour** 4 personnes **par portion** 42,3 g de lipides (dont 12,5 g d'acides gras saturés) ; 788 cal ; 45,1 g de glucides ; 54 g de protéines ; 6,3 g de fibres

# Poulet au marsala

4 escalopes de poulet (800 g)
7 filets d'anchois en boîte, égouttés et finement hachés
1 c. à s. de câpres égouttées et finement hachées
1 c. à s. de persil finement haché
1 gousse d'ail coupée en tranches
1 c. à s. d'huile d'olive
125 g de mozzarella
60 ml de marsala
250 ml de bouillon de poulet
125 ml de crème fraîche

**1** Mélangez les anchois, les câpres, le persil et l'ail dans un bol.
**2** Faites chauffer l'huile d'olive dans une grande poêle. Faites cuire les escalopes sans couvrir jusqu'à ce qu'elles soient dorées des deux côtés. Retirez-les de la poêle.
**3** Coupez la mozzarella en 4 tranches égales. Étalez le mélange aux anchois sur les escalopes puis posez les tranches de mozzarella dessus.
**4** Remettez les escalopes dans la poêle, couvrez-les et faites-les cuire 10 minutes environ jusqu'à ce qu'elles soient cuites et le fromage fondu.
**5** Ajoutez le marsala et le bouillon de poulet. Portez à ébullition, puis laissez mijoter 5 minutes sans couvrir jusqu'à ce que le liquide réduise d'un tiers. Incorporez la crème fraîche et laissez mijoter encore 5 minutes afin que la sauce épaississe légèrement. Nappez le poulet de sauce puis servez.

**à table** en 35 minutes
**pour** 4 personnes **par portion** 31,3 g de lipides (dont 15,7 g d'acides gras saturés) ; 585 cal ; 7,7 g de glucides ; 62 g de protéines ; 0,2 g de fibres

# Poulet frit au poivre vert

8 cuisses de poulet (1,3 kg)
60 g de moutarde à l'ancienne
2 c. à s. de grains de poivre vert en bocal, égouttés et hachés
2 gousses d'ail pilées
2 c. à s. de jus de citron
10 g de ciboulette fraîche ciselée
60 ml d'huile d'olive
1 petit oignon blanc (80 g) finement émincé

**1** Retirez la peau du poulet et jetez-la. Dans un grand saladier, mélangez le poulet, la moutarde, le poivre vert, l'ail, le jus de citron, la ciboulette et 2 cuillerées à soupe d'huile d'olive.
**2** Faites chauffer le reste de l'huile dans une grande poêle ; faites revenir l'oignon en remuant jusqu'à ce qu'il soit tendre.
**3** Ajoutez le poulet dans la poêle et faites cuire, en badigeonnant de temps en temps de préparation au poivre afin que la viande soit dorée des deux côtés.

**à table** en 30 minutes
**pour** 4 personnes **par portion** 29,3 g de lipides (dont 6,6 g d'acides gras saturés) ; 440 cal ; 3,8 g de glucides ; 40,4 g de protéines ; 1,2 g de fibres

À LA POÊLE

# Poulet au vin rouge et à la sauce tomate

750 g de cuisses de poulet désossées, coupées en deux
30 g de beurre
2 c. à s. d'huile d'olive
2 oignons blancs moyens (300 g) coupés en fines tranches
2 gousses d'ail pilées
250 g de champignons de Paris finement émincés
800 g de tomates pelées en boîte
60 ml de concentré de tomates
60 ml de vin rouge
2 c. à c. de sucre roux
1 c. à c. de poivre noir en grains fraîchement moulu
125 ml de bouillon de poulet
10 g de basilic frais grossièrement haché

**1** Faites chauffer le beurre dans une grande poêle et faites revenir les oignons et l'ail en remuant jusqu'à ce que l'oignon soit tendre. Ajoutez le poulet et faites-le cuire des deux côtés.
**2** Ajoutez les champignons, les tomates réduites en purée avec leur jus, le concentré de tomates, le vin, le sucre, le poivre et le bouillon de poulet, puis portez à ébullition. Réduisez le feu et laissez mijoter sans couvrir jusqu'à ce que la sauce épaississe légèrement. Retirez du feu, ajoutez le basilic puis servez.

**à table** en 30 minutes
**pour** 4 personnes **par portion** 29,7 g de lipides (dont 9,5 g d'acides gras saturés) ; 509 cal ; 14,8 g de glucides ; 41 g de protéines ; 6,1 g de fibres

curry

# Curry vert thaï

500 g d'escalopes de poulet détaillées en lamelles épaisses
1 gros oignon (200 g) grossièrement émincé
2 gousses d'ail pilées
20 g (4 cm) de gingembre frais râpé
1 c. à s. de citronnelle fraîche ciselée
2 c. à s. de pâte de curry verte
1 c. à s. d'huile d'arachide
180 ml de bouillon de poulet
400 ml de lait de coco
2 c. à s. de jus de citron vert
230 g de pousses de bambou émincées en boîte, égouttées
300 g de jeunes épis de maïs frais, coupés en deux
20 g de coriandre fraîche grossièrement ciselée

**1** Mélangez l'oignon, l'ail, le gingembre, la citronnelle et la pâte de curry dans un saladier. Ajoutez le poulet et enrobez-le de marinade.
**2** Faites chauffer l'huile dans un wok ou une grande poêle et faites-y légèrement dorer le poulet. Procédez en plusieurs fois.
**3** Remettez tout le poulet dans le wok avec le bouillon de poulet, le lait de coco et le jus de citron vert. Laissez cuire environ 5 minutes à découvert jusqu'à ce que la sauce ait légèrement épaissi et que le poulet soit cuit à cœur.
**4** Réduisez le feu. Ajoutez les pousses de bambou, les épis de maïs et la coriandre. Faites revenir afin que les légumes soient chauds. Servez avec du riz vapeur si vous le souhaitez.

**à table** en 25 minutes
**pour** 4 personnes **par portion** 33 g de lipides (dont 20,3 g d'acides gras saturés) ; 544 cal ; 21,7 g de glucides ; 36,4 g de protéines ; 8,3 g de fibres

# Vindaloo aux lentilles et au potiron

700 g de chair de cuisses de poulet coupée en morceaux
150 g de lentilles corail
500 g de potiron coupé en gros dés
1 oignon blanc moyen (150 g) coupé en gros morceaux
20 g (4 cm) de gingembre frais râpé
2 gousses d'ail pilées
1 c. à s. d'huile d'arachide
75 g de pâte de curry vindaloo
400 ml de crème de coco
250 g de pousses d'épinards

**1** Faites cuire les lentilles corail dans une grande casserole d'eau bouillante sans couvrir puis égouttez-les. Faites cuire le potiron à l'eau, à la vapeur ou au micro-ondes jusqu'à ce qu'il soit juste tendre puis égouttez-le.
**2** Mélangez le poulet, l'oignon, le gingembre et l'ail dans un grand saladier.
**3** Faites chauffer l'huile dans un wok et faites-y sauter la préparation au poulet en plusieurs fois. Réservez.
**4** Faites chauffer la pâte de curry dans le wok en remuant afin que les arômes se libèrent. Remettez le poulet dans le wok, ajoutez les lentilles corail, le potiron et la crème de coco. Faites cuire en remuant jusqu'à ce que la sauce épaississe légèrement et que le poulet soit entièrement cuit.
**5** Retirez du feu. Ajoutez les épinards et remuez délicatement.

**à table** en 30 minutes
**pour** 4 personnes **par portion** 44,7 g de lipides (dont 23,5 g d'acides gras saturés) ; 733 cal ; 28,6 g de glucides ; 48,8 g de protéines ; 12,5 g de fibres
**conseil** vous pouvez remplacer le vindaloo très épicé par n'importe quelle pâte de curry en bocal.

# Madras de poulet aux haricots verts

700 g de chair de cuisses de poulet finement émincée
300 g de riz basmati
1 c. à s. d'huile d'arachide
1 gros oignon blanc (200 g) coupé en fines lamelles
75 g de pâte de curry madras
200 g de haricots verts coupés en gros tronçons
125 ml de bouillon de poulet
1 c. à s. de concentré de tomates

**1** Faites cuire le riz dans une grande casserole d'eau bouillante, sans couvrir, puis égouttez-le.
**2** Pendant ce temps, faites chauffer l'huile dans un wok et faites revenir l'oignon et le poulet, en plusieurs fois. Réservez.
**3** Mettez la pâte de curry dans le wok et remuez jusqu'à ce que les arômes se libèrent. Remettez la préparation au poulet dans le wok, ajoutez les haricots verts, le bouillon de poulet et le concentré de tomates. Remuez afin que la sauce épaississe légèrement et que le poulet soit entièrement cuit. Servez, accompagné du riz basmati.

**à table** en 25 minutes
**pour** 4 personnes **par portion** 23,7 g de lipides (dont 5,4 g d'acides gras saturés) ; 648 cal ; 65,4 g de glucides ; 40,8 g de protéines ; 4,7 g de fibres
**note** vous pouvez remplacer le riz basmati par du riz au jasmin. La pâte de curry que nous utilisons contient de la badiane entière et partiellement hachée, ce qui donne à ce plat une saveur épicée particulière.

# Curry de poulet indonésien

750 g de chair de cuisses de poulet coupée en gros morceaux
1 c. à s. d'huile d'arachide
1 gros oignon (200 g) coupé en grosses rondelles
1 petit piment rouge thaï frais, finement émincé
2 gousses d'ail pilées
20 g (4 cm) de gingembre frais râpé
1 c. à s. de noix de macadamia finement hachées
1 c. à s. de coriandre en poudre
1 c. à c. de cumin en poudre
½ c. à c. de graines de fenouil en poudre
1 bâton de cannelle
800 ml de crème de coco
1 c. à s. de jus de citron

**1** Faites chauffer la moitié de l'huile dans un wok et faites cuire le poulet en plusieurs fois jusqu'à ce qu'il soit entièrement doré. Réservez.
**2** Faites chauffer le reste de l'huile dans le wok et faites revenir l'oignon, le piment, l'ail et le gingembre en remuant pour que l'oignon soit tendre. Ajoutez les noix de macadamia et les épices puis faites cuire en remuant jusqu'à ce que les arômes se libèrent.
**3** Remettez le poulet dans le wok avec la crème de coco et le jus de citron puis portez à ébullition. Réduisez le feu et laissez mijoter 5 minutes sans couvrir afin que la sauce épaississe légèrement. Servez, accompagné de riz vapeur et parsemé de lamelles de piment si vous le souhaitez.

**à table** en 30 minutes
**pour** 4 personnes **par portion** 61,9 g de lipides (dont 41,6 g d'acides gras saturés) ; 761 cal ; 11 g de glucides ; 39,8 g de protéines ; 4,7 g de fibres
**note** ce curry de poulet à la noix de coco est le choix idéal si vous n'aimez pas les currys épicés.

# Poulet au beurre à l'indienne

750 g de cuisses de poulet désossées, coupées en quatre
80 g de beurre
1 oignon moyen (150 g) émincé
3 gousses d'ail pilées
3 c. à c. de paprika doux
2 c. à c. de garam masala
2 c. à c. de coriandre en poudre
½ c. à c. de piment en poudre
1 bâton de cannelle
2 c. à s. de vinaigre de vin blanc
425 g de coulis de tomates en boîte
180 ml de bouillon de poulet
1 c. à s. de concentré de tomates
250 ml de crème fraîche
140 g de yaourt

**1** Faites fondre le beurre dans une sauteuse et faites-y fondre l'oignon et l'ail. Ajoutez le paprika, le garam masala, la coriandre, le piment et la cannelle.
**2** Versez le vinaigre, le bouillon de poulet, le coulis et le concentré de tomates puis portez à ébullition. Réduisez le feu et laissez frémir 10 minutes à découvert, en remuant de temps en temps.
**3** Ajoutez le poulet, la crème fraîche et le yaourt puis portez à ébullition. Réduisez le feu et laissez frémir environ 10 minutes à découvert jusqu'à ce que le poulet soit cuit à cœur. Retirez le bâton de cannelle avant de servir.

**à table** en 30 minutes
**pour** 4 personnes **par portion** 58,1 g de lipides (dont 22,7 g d'acides gras saturés) ; 734 cal ; 12,3 g de glucides ; 40,7 g de protéines ; 3,1 g de fibres
**note** en Inde, ce plat est souvent préparé avec des restes de poulet tandoori, mais on peut aussi utiliser des blancs de poulet.

au four

# Poulet au parmesan

12 filets de poulet (900 g)
1 c. à s. de farine
2 œufs légèrement battus
140 g de chapelure
25 g de parmesan grossièrement râpé
2 c. à s. de persil plat frais ciselé
1 petit bouquet de basilic frais
125 ml d'huile d'olive
60 ml de jus de citron
1 gousse d'ail coupée en quatre
120 g d'olives noires de Kalamata dénoyautées
200 g de frisée
40 g de jeunes pousses de roquette

**1** Préchauffez le four à 220 °C ou à 200 °C pour un four à chaleur tournante.
**2** Mélangez la farine et les œufs dans un saladier. Mélangez dans un autre saladier la chapelure, le parmesan et le persil. Passez les filets de poulet, un par un, dans l'œuf battu puis dans la chapelure au parmesan et au persil. Disposez-les sur une plaque de cuisson huilée, en une seule couche. Faites-les rôtir 15 minutes, à découvert, jusqu'à ce qu'ils soient cuits à cœur et bien dorés.
**3** Pendant ce temps, mixez le basilic, l'huile d'olive, le jus de citron et l'ail.
**4** Servez le poulet accompagné des olives, de la frisée et de la roquette mélangées. Versez l'assaisonnement au basilic dessus.

**à table** en 30 minutes
**pour** 4 personnes **par portion** 38,9 g de lipides (dont 7,4 g d'acides gras saturés) ; 740 cal ; 34,1 g de glucides ; 61,6 g de protéines ; 3,7 g de fibres

## Poulet peri peri

4 cuisses de poulet entières (1,4 kg)
2 c. à s. de jus de citron
1 c. à s. d'huile d'olive
6 petits piments rouges thaïs frais, finement émincés
2 c. à c. de sucre roux
1 c. à c. de paprika doux
2 gousses d'ail pilées
2 c. à c. de romarin frais finement haché
2 c. à c. de sel de mer

**1** Préchauffez le four à 220 °C ou à 200 °C pour un four à chaleur tournante.
**2** Dans un grand saladier, mélangez le jus de citron, l'huile d'olive, les piments, le sucre, le paprika, l'ail, le romarin et le sel.
**3** Pratiquez de larges entailles en diagonale dans les cuisses de poulet. Badigeonnez-les entièrement avec la préparation aux épices. Laissez-les mariner 10 minutes.
**4** Disposez les cuisses de poulet en une seule couche sur une plaque de cuisson. Enfournez 20 minutes sans couvrir jusqu'à ce qu'elles soient entièrement cuites.

**à table** en 35 minutes
**pour** 4 personnes **par portion** 37,2 g de lipides (dont 11,1 g d'acides gras saturés) ; 509 cal ; 2,1 g de glucides ; 42,4 g de protéines ; 0,3 g de fibres

# Poulet thaï en croute de cacahuètes et salade de concombre

4 escalopes de poulet (800 g)
150 g de cacahuètes grillées non salées
75 g de pâte de curry rouge
1 c. à s. de kecap manis
125 ml de lait de coco
40 g de coriandre fraîche grossièrement hachée
1 concombre hollandais (400 g)
160 g de germes de soja
15 g de menthe fraîche grossièrement hachée
1 oignon rouge moyen (170 g) coupé en deux puis en fines tranches
1 c. à c. de nuoc-mâm
2 c. à s. de sauce aux piments doux
1 c. à s. de jus de citron vert
1 c. à s. d'huile d'arachide

**1** Préchauffez le four à 200 °C ou à 180 °C pour un four à chaleur tournante.
**2** Mixez les cacahuètes avec la pâte de curry, le kecap manis, le lait de coco et la moitié de la coriandre jusqu'à obtention d'un mélange homogène.
**3** Disposez les escalopes de poulet en une seule couche sur une plaque de cuisson huilée. Étalez un peu de la préparation aux cacahuètes sur chacune. Enfournez 20 minutes environ sans couvrir. Retirez les escalopes du four, laissez-les refroidir 5 minutes, puis coupez-les en tranches fines.
**4** Dans un grand saladier, mélangez le concombre et les germes de soja, la menthe, l'oignon et le reste de la coriandre.
**5** Dans un shaker pour sauce à salade, mélangez le nuoc-mâm, la sauce aux piments doux, le jus de citron vert et l'huile, refermez et secouez. Versez l'assaisonnement sur la salade de concombre et mélangez délicatement. Servez les escalopes recouvertes de salade.

**à table** en 30 minutes
**pour** 4 personnes **par portion** 39,7 g de lipides (dont 10,4 g d'acides gras saturés) ; 665 cal ; 13,6 g de glucides ; 59,4 g de protéines ; 8,9 g de fibres

AU FOUR

# Manchons de poulet tandoori et raïta de concombre

12 manchons de poulet (960 g)
400 g de riz au jasmin
2 c. à s. de pâte tandoori
400 g de yaourt
1 concombre libanais (130 g) épépiné et finement émincé
1 c. à s. de menthe fraîche finement ciselée
1 c. à c. de cumin en poudre

**1** Préchauffez le four à 220 °C ou à 200 °C pour un four à chaleur tournante.
**2** Faites cuire le riz dans une grande casserole d'eau bouillante, sans couvrir, puis égouttez-le.
**3** Pendant ce temps, mélangez le poulet, la pâte tandoori et la moitié du yaourt dans un grand saladier. Disposez le poulet en une seule couche sur une grille de four au-dessus d'un plat allant au four. Enfournez 20 minutes environ sans couvrir.
**4** Dans un petit bol, mélangez le reste du yaourt avec le concombre, la menthe et le cumin. Servez le riz avec le poulet tandoori et assaisonnez de raïta de concombre.

**à table** en 25 minutes
**pour** 4 personnes **par portion** 21,9 g de lipides (dont 7 g d'acides gras saturés) ; 691 cal ; 85,4 g de glucides ; 35,1 g de protéines ; 3,9 g de fibres
**note** la raïta est une sauce à base de yaourt frais qui se marie parfaitement avec les plats indiens épicés. Les manchons sont en fait des ailes parées ressemblant à des petits pilons ; il est également possible d'utiliser pour cette recette des pilons sans la peau. Il vous en faudra 8 pour cette recette.

## Poulet à la malaisienne

8 cuisses de poulet (1,3 kg)
1 c. à s. de coriandre en poudre
1 c. à s. de cumin en poudre
1 c. à s. de graines de fenouil
1 c. à c. de cannelle en poudre
½ c. à c. de curcuma en poudre
2 petits piments rouges thaïs frais, finement émincés
½ c. à c. de concentré de tamarin
2 gousses d'ail pilées
10 g (une tige de 5 cm) de citronnelle fraîche finement hachée
2 c. à c. de sucre de palme
1 c. à s. d'huile d'arachide
125 ml de crème de coco

**1** Préchauffez le four à 220 °C ou à 200 °C pour un four à chaleur tournante.
**2** Dans un grand bol, mettez les épices, les piments, le concentré de tamarin, l'ail, la citronnelle, le sucre de palme, l'huile et la crème de coco. Mélangez jusqu'à obtenir une pâte.
**3** Ajoutez le poulet dans le saladier et enrobez-le bien de la pâte obtenue.
**4** Disposez le poulet sur une grille au-dessus d'un grand plat creux allant au four. Enfournez 20 minutes environ. Couvrez d'une feuille d'aluminium et laissez au four 10 minutes de plus jusqu'à ce que le poulet soit entièrement cuit.

**à table** en 35 minutes
**pour** 4 personnes **par portion** 26,1 g de lipides (dont 11 g d'acides gras saturés) ; 404 cal ; 3 g de glucides ; 39,8 g de protéines ; 0,8 g de fibres

AU FOUR

# Ailerons de poulet tikka

12 ailerons de poulet (960 g)
100 g de pâte tikka
140 g de yaourt
400 g de riz au jasmin
12 petits pappadums
10 g de coriandre fraîche grossièrement hachée
110 g de lime pickle

**1** Préchauffez le four à 200 °C ou à 180 °C pour un four à chaleur tournante.
**2** Dans un grand saladier, mélangez le poulet et la pâte tikka incorporée à 2 cuillerées à soupe de yaourt.
**3** Disposez le poulet en une seule couche sur une grille au-dessus d'un grand plat allant au four. Enfournez 20 minutes environ sans couvrir.
**4** Pendant ce temps, faites cuire le riz dans une grande casserole d'eau bouillante, sans couvrir, puis égouttez-le. Couvrez-le pour le garder au chaud.
**5** Placez les pappadums sur la plaque tournante du micro-ondes. Faites cuire 30 secondes à puissance maximale (100 %) jusqu'à ce qu'ils gonflent. Répétez l'opération avec le reste des pappadums.
**6** Dans un petit saladier, mélangez la coriandre et le reste du yaourt. Servez le poulet sur le riz et versez la sauce au yaourt en filet. Servez accompagné de lime pickle et de pappadums.

**à table** en 35 minutes
**pour** 4 personnes **par portion** 22,7 g de lipides (dont 5,4 g d'acides gras saturés) ; 753 cal ; 95,3 g de glucides ; 38,1 g de protéines ; 5,8 g de fibres
**note** vous pouvez également faire frire les pappadums dans de l'huile végétale.

# Manchons de poulet satay

12 manchons de poulet (960 g)
60 ml de kecap manis
400 g de riz au jasmin
210 g de beurre de cacahuètes
160 ml de bouillon de poulet
2 c. à s. de sauce aux piments doux
1 c. à s. de sauce de soja claire
1 c. à s. de jus de citron
250 ml de lait de coco

**1** Préchauffez le four à 220 °C ou à 200 °C pour un four à chaleur tournante.
**2** Disposez les manchons de poulet en une seule couche dans un grand plat huilé et badigeonnez-les de kecap manis. Faites-les rôtir 25 minutes à découvert jusqu'à ce qu'ils soient bien cuits.
**3** Pendant ce temps, faites cuire le riz dans un grand volume d'eau bouillante, à découvert. Égouttez-le et couvrez-le pour qu'il reste chaud.
**4** Pour préparer la sauce satay, mélangez le beurre de cacahuètes, le bouillon de poulet, les deux sauces, le jus de citron et le lait de coco dans une casserole puis portez à ébullition. Réduisez le feu et laissez frémir 5 minutes à découvert.
**5** Servez le riz et les manchons de poulet nappés de sauce satay.

**à table** en 30 minutes
**pour** 4 personnes **par portion** 49,9 g de lipides (dont 15,9 g d'acides gras saturés) ; 1 010 cal ; 90,1 g de glucides ; 46,9 g de protéines ; 7 g de fibres
**note** vous pouvez aussi faire cuire les manchons au gril ou au barbecue. Les manchons sont en fait des ailes parées ressemblant à des petits pilons ; il est également possible d'utiliser pour cette recette des pilons sans peau et parés. Il vous en faudra 8 pour cette recette.

# Poulet à la citronnelle

8 pilons de poulet sans la peau (960 g)
20 g (une tige de 10 cm) de citronnelle fraîche finement hachée
4 oignons blancs (100 g) finement émincés
2 c. à c. de nuoc-mâm
1 c. à c. de sambal oelek
1 c. à c. de sucre en poudre
1 c. à s. d'huile d'arachide

**1** Préchauffez le four à 220 °C ou à 200 °C pour un four à chaleur tournante.
**2** Dans un plat allant au four, mélangez le poulet avec tous les ingrédients.
**3** Enfournez 30 minutes environ sans couvrir. Retournez le poulet une fois au cours de la cuisson.

**à table** en 35 minutes
**pour** 4 personnes **par portion** 14,2 g de lipides (dont 3,6 g d'acides gras saturés) ; 253 cal ; 2,3 g de glucides ; 30 g de protéines ; 0,6 g de fibres
**conseil** vous pouvez utiliser n'importe quelle partie de poulet pour cette recette.

# Poulet croustillant

12 filets de poulet (900 g)
50 g de farine
2 blancs d'œufs légèrement battus
35 g de chapelure
35 g de pétales de maïs (corn flakes) émiettés
2 c. à c. de sel à l'ail
1 c. à c. de poivre noir concassé

**1** Préchauffez le four à 220 °C ou à 200 °C pour un four à chaleur tournante.
**2** Roulez les filets de poulet dans la farine puis tapotez-les légèrement pour en enlever l'excédent. Trempez-les dans le blanc d'œuf puis dans le mélange de la chapelure, des pétales de maïs, du sel et du poivre. Couvrez et mettez au réfrigérateur pour 10 minutes.
**3** Posez les filets de poulet sur la plaque de cuisson et faites-les cuire au four 15 minutes environ, sans couvrir.

**à table** en 35 minutes
**pour** 4 personnes **par portion** 5,7 g de lipides (dont 1,4 g d'acides gras saturés) ; 369 cal ; 22,2 g de glucides ; 55,8 g de protéines ; 1,1 g de fibres

# Poulet cajun et son riz créole

4 escalopes de poulet (800 g)
½ c. à c. de sel
2 c. à c. d'oignons en poudre
3 c. à c. de paprika doux
1 c. à c. de poivre noir fraîchement moulu
½ c. à c. de piments en poudre
**riz créole**
1 c. à s. d'huile d'olive
1 oignon moyen (150 g) finement émincé
3 gousses d'ail pilées
1 poivron vert moyen (200 g) coupé en fines lanières
1 c. à c. de piment en poudre
1 c. à c. de cumin en poudre
1 c. à c. de cannelle en poudre
200 g de riz blanc à longs grains
500 ml d'eau
2 c. à s. de jus de citron vert
10 g de coriandre fraîche grossièrement hachée
310 g de grains de maïs en boîte, rincés et égouttés
420 g de haricots rouges en boîte, rincés et égouttés

**1** Préchauffez le four à 200 °C. Huilez une plaque de cuisson.
**2** Dans un saladier, mélangez le sel et les épices. Recouvrez le poulet, morceau par morceau, de ce mélange d'épices.
**3** Disposez le poulet en une seule couche sur la plaque de cuisson. Enfournez 20 minutes sans couvrir. Retirez-le du four. Laissez-le refroidir 5 minutes, puis coupez-le en grosses tranches.
**4** Pendant ce temps, faites le riz créole.
**5** Servez le poulet sur le riz.
**riz créole** chauffez l'huile dans une casserole et faites revenir l'oignon et l'ail en remuant. Ajoutez le poivron et les épices et faites revenir en remuant. Versez le riz, ajoutez l'eau et portez à ébullition. Réduisez le feu, couvrez et laissez mijoter 15 minutes. Ajoutez le reste des ingrédients et remuez bien.

**à table** en 30 minutes
**pour** 4 personnes **par portion** 10,6 g de lipides (dont 2 g d'acides gras saturés) ; 596 cal ; 63,3 g de glucides ; 56,4 g de protéines ; 8,2 g de fibres

à emporter

À EMPORTER

Chaque poulet rôti utilisé dans ce chapitre pèse environ 900 g. Lorsque la peau et les os sont retirés, on obtient 480 g de viande contenant tous les petits morceaux, et seulement 425 g si l'on ne garde que des gros morceaux.

## Salade de poulet assaisonnée au sésame

1 poulet rôti (900 g)
2 carottes moyennes (240 g)
½ petit chou chinois (350 g) grossièrement râpé
6 ciboules grossièrement ciselées
80 g de germes de soja
15 g de coriandre fraîche
**vinaigrette au sésame**
2 gousses d'ail pilées
½ c. à c. d'huile de sésame
2 c. à s. d'huile d'arachide
1 c. à s. de sauce de soja
1 c. à s. de jus de citron
1 c. à c. de sucre en poudre
1 c. à s. de vinaigre de vin blanc

**1** Coupez le poulet en huit.
**2** À l'aide d'un économe, détaillez les carottes en longs rubans. Mélangez les carottes, le chou chinois, les ciboules, les germes de soja et la coriandre. Recouvrez cette salade de poulet.
**3** Préparez la vinaigrette au sésame. Assaisonnez les légumes et le poulet.
**vinaigrette au sésame** mettez les ingrédients dans un shaker pour sauce à salade, refermez et secouez.

**à table** en 20 minutes
**pour** 4 personnes **par portion** 19,6 g de lipides (dont 4,6 g d'acides gras saturés) ; 335 cal ; 5,2 g de glucides ; 33,3 g de protéines ; 3 g de fibres

# Salade de pâtes au poulet, au poivron rôti, à la feta et aux noix

425 g de poulet cuit, détaillé en gros morceaux
300 g de pâtes torsadées
270 g de poivron grillé dans l'huile, en bocal
150 g de feta coupée en gros cubes
35 g de noix grillées, grossièrement concassées
40 g de feuilles de basilic fraîches
60 ml de vinaigre de vin rouge
1 gousse d'ail pilée
2 c. à c. de moutarde à l'ancienne

**1** Faites cuire les pâtes dans une grande casserole d'eau bouillante, sans couvrir, puis égouttez-les. Rincez-les sous l'eau froide et égouttez-les de nouveau.
**2** Égouttez les poivrons en réservant 80 ml de l'huile et coupez-les grossièrement. Dans un grand saladier, mélangez les poivrons, les pâtes, la feta, le poulet, les noix et le basilic.
**3** Mettez l'huile réservée, le vinaigre, l'ail et la moutarde dans un shaker pour sauce à salade, refermez et secouez. Versez l'assaisonnement en filet sur la salade au poulet. Mélangez délicatement.

**à table** en 20 minutes
**pour** 4 personnes **par portion** 43,7 g de lipides (dont 11,5 g d'acides gras saturés) ; 787 cal ; 53,4 g de glucides ; 43,3 g de protéines ; 4 g de fibres
**conseil** vous pouvez remplacer la feta par du fromage de chèvre, ou n'importe quel autre fromage à pâte friable.

À EMPORTER

# Soupe de poulet aux vermicelles

320 g de poulet cuit, détaillé en petits morceaux
2 c. à c. d'huile d'olive
1 poireau moyen (350 g) coupé en grosses rondelles
1 grande carotte (180 g) coupée en grosses rondelles
2 branches de céleri parées (200 g), coupées en grosses rondelles
1 gousse d'ail pilée
1,5 litre de bouillon de poulet
50 g de vermicelles de riz
2 c. à s. de persil plat frais haché

**1** Faites chauffer l'huile dans une grande casserole et faites-y revenir le poireau, la carotte, les céleris et l'ail en remuant jusqu'à ce que le poireau soit tendre.
**2** Versez le bouillon de poulet et portez à ébullition. Couvrez et laissez mijoter 20 minutes environ jusqu'à ce que les légumes soient tendres.
**3** Ajoutez le poulet et les vermicelles. Laissez mijoter sans couvrir jusqu'à ce que les vermicelles soient cuits. Ajoutez le persil.

**à table** en 35 minutes
**pour** 4 personnes **par portion** 6,8 g de lipides (dont 1,9 g d'acides gras saturés) ; 162 ca ; 6,8 g de glucides ; 17,2 g de protéines ; 2,6 g de fibres
**conseil** vous pouvez remplacer les vermicelles de riz par des nouilles de riz ou de blé.

# Nachos de poulet

480 g de poulet cuit, coupé en petits morceaux
1 c. à s. d'huile végétale
1 oignon moyen (150 g) coupé en fines lamelles
425 g de haricots à la mexicaine en boîte, égouttés
390 g de sauce pour nachos mi-forte, en bocal
230 g de chips de maïs
220 g de fromage à pizza râpé
1 avocat moyen (320 g) grossièrement écrasé
160 g de crème aigre

**1** Faites chauffer l'huile dans une poêle et faites-y revenir l'oignon en remuant jusqu'à ce qu'il soit tendre. Ajoutez les haricots, le poulet et la sauce puis portez à ébullition. Réduisez le feu et laissez mijoter 3 minutes environ sans couvrir jusqu'à ce que le mélange épaississe légèrement.
**2** Répartissez les chips de maïs dans 4 assiettes allant au micro-ondes et recouvrez-les de fromage à pizza râpé. Passez les assiettes au micro-ondes, une par une, sans couvrir, 1 minute environ à puissance maximale (100 %) pour faire fondre le fromage.
**3** Ensuite, répartissez la préparation au poulet, l'avocat et la crème aigre sur les chips au maïs et le fromage.

**à table** en 25 minutes
**pour** 4 personnes **par portion** 70,4 g de lipides (dont 30,8 g d'acides gras saturés) ; 1 120 cal ; 53,9 g de glucides ; 61,4 g de protéines ; 16,1 g de fibres
**note** le fromage à pizza est un mélange pratique de cheddar, de mozzarella et de parmesan grossièrement râpés, disponibles dans les supermarchés.

À EMPORTER

# Rouleaux de printemps

160 g de poulet cuit, coupé en lanières
1 petite carotte (70 g) grossièrement râpée
1 petit poivron rouge (150 g) coupé en fines lanières
100 g de champignons shiitake coupés en tranches fines
50 g de pousses de haricots mange-tout
2 c. à s. de coriandre fraîche grossièrement hachée
2 c. à s. de sauce teriyaki
1 c. à s. de sauce aux piments doux
12 galettes de riz rondes de 22 cm de diamètre

**1** Mélangez le poulet, la carotte, le poivron, les champignons, les pousses de haricots mange-tout, la coriandre et les deux sauces dans un saladier. Remuez délicatement.
**2** Plongez une galette de riz dans un bol d'eau tiède pour l'assouplir. Sortez-la délicatement de l'eau, posez-la sur une planche et essuyez-la avec du papier absorbant.
**3** Déposez une partie de la garniture au centre de la galette ; rabattez les côtés et pliez le rouleau ainsi obtenu pour enfermer la garniture. Répétez l'opération avec le reste des ingrédients.

**à table** en 35 minutes
**pour** 4 personnes **par portion** 3,6 g de lipides (dont 1 g d'acides gras saturés) ; 149 cal ; 13,7 g de glucides ; 14 g de protéines ; 2,8 g de fibres
**conseil** servez avec de la sauce aux piments doux et de la s uce de soja.

# Poulet et sauce crémeuse aux tomates séchées

1 poulet rôti (900 g) sans la peau, coupé en quatre
1 c. à s. d'huile d'olive
1 oignon moyen (150 g) finement émincé
2 c. à c. de concentré de tomates
100 g de tomates séchées coupées en morceaux
60 ml de vin blanc sec
125 ml de bouillon de poulet
300 ml de crème fraîche
2 c. à s. de sauge fraîche hachée

**1** Faites chauffer l'huile dans une grande poêle et faites-y revenir l'oignon en remuant jusqu'à ce qu'il soit légèrement doré.
**2** Ajoutez le concentré de tomates, les tomates séchées et le vin, puis faites chauffer sans couvrir jusqu'à ce que le liquide soit presque évaporé. Ajoutez le bouillon de poulet, la crème fraîche et la sauge, et portez à ébullition.
**3** Ajoutez le poulet puis réduisez le feu. Laissez mijoter sans couvrir jusqu'à ce que la sauce épaississe légèrement et que le poulet soit bien chaud. Servez, accompagné de riz vapeur si vous le souhaitez.

**à table** en 25 minutes
**pour** 4 personnes **par portion** 48,5 g de lipides (dont 25 g d'acides gras saturés) ; 649 cal ; 13,2 g de glucides ; 36,5 g de protéines ; 4,2 g de fibres

À EMPORTER

# Salade de poulet aux litchis à la thaïlandaise

480 g de poulet cuit, coupé en petits morceaux
565 g de litchis au sirop en boîte, égouttés, dénoyautés
et coupés en deux
1 petit oignon rouge (100 g) coupé en fines tranches
8 ciboules finement émincées
160 g de germes de soja
30 g de feuilles de menthe fraîches
30 g de feuilles de coriandre fraîches
**assaisonnement**
1 c. à c. de zeste de citron finement râpé
1 c. à c. de sambal oelek
60 ml de jus de citron vert
1 c. à c. d'huile de sésame
1 c. à s. de sucre roux
2 c. à c. de nuoc-mâm

**1** Préparez l'assaisonnement.
**2** Dans un grand saladier, mettez le poulet, les litchis, l'oignon, les ciboules, les germes de soja, la menthe et la coriandre. Versez l'assaisonnement en filet sur la salade ; mélangez délicatement.
**assaisonnement** mettez tous les ingrédients dans un shaker pour sauce à salade, refermez et secouez.

**à table** en 15 minutes
**pour** 4 personnes **par portion** 10,6 g de lipides (dont 2,8 g d'acides gras saturés) ; 335 cal ; 24,3 g de glucides ; 33,2 g de protéines ; 4 g de fibres

# Nouilles Singapour

480 g de poulet cuit, détaillé en petits morceaux
450 g de nouilles fraîches
2 c. à c. d'huile de sésame
2 gousses d'ail pilées
10 g (2 cm) de gingembre frais râpé
1 carotte moyenne (120 g) coupée en allumettes
250 g de petites crevettes cuites décortiquées
1 c. à c. de curry malaisien en poudre
3 ciboules finement émincées
120 g de germes de soja
2 c. à s. de sauce de soja
60 ml de kecap manis

**1** Placez les nouilles dans un grand saladier résistant à la chaleur et recouvrez-les d'eau bouillante. Séparez les nouilles ensuite à la fourchette puis égouttez-les.
**2** Faites chauffer l'huile dans un wok et faites-y revenir l'ail, le gingembre et la carotte jusqu'à ce que celle-ci soit juste tendre. Ajoutez les crevettes et le curry puis faites sauter le tout jusqu'à ce que les crevettes changent de couleur.
**3** Ajoutez les nouilles et tous les ingrédients restants. Faites réchauffer la préparation.

**à table** en 25 minutes
**pour** 4 personnes **par portion** 19,1 g de lipides (dont 6,4 g d'acides gras saturés) ; 492 cal ; 27,3 g de glucides ; 49,1 g de protéines ; 5,8 g de fibres

À EMPORTER

# Laksa au poulet

425 g de poulet cuit, détaillé en gros morceaux
250 g de nouilles fraîches aux œufs
1 c. à c. d'huile d'arachide
75 g de pâte laksa
800 ml de lait de coco allégé
1 litre de bouillon de poulet
2 c. à s. de jus de citron vert
1 c. à s. de sucre en poudre
1 c. à s. de nuoc-mâm
6 feuilles de combava déchirées
80 g de germes de soja
20 g de feuilles de menthe vietnamienne fraîches

**1** Rincez les nouilles dans une passoire sous l'eau chaude. Séparez-les ensuite à la fourchette puis égouttez-les.
**2** Faites chauffer l'huile dans une grande casserole et faites revenir la pâte laksa en remuant jusqu'à ce que son arôme se libère. Ajoutez le lait de coco, le bouillon de poulet, le jus de citron vert, le sucre, le nuoc-mâm et les feuilles de combava, puis portez à ébullition. Réduisez le feu, couvrez et laissez mijoter 3 minutes. Ajoutez le poulet. Mélangez pour bien enrober le poulet du mélange.
**3** Répartissez les nouilles dans les bols ou les assiettes creuses. Versez le laksa au poulet sur les nouilles. Recouvrez de germes de soja et de menthe. Ajoutez un quartier de citron vert si vous le souhaitez.

**à table** en 30 minutes
**pour** 4 personnes **par portion** 22,9 g de lipides (dont 11,4 g d'acides gras saturés) ; 472 cal ; 51 g de glucides ; 39,4 g de protéines ; 2,3 g de fibres
**conseil** vous pouvez remplacer les nouilles aux œufs par vos nouilles préférées.

# Frittata de poulet aux champignons

425 g de poulet cuit, détaillé en gros morceaux
1 c. à s. d'huile d'olive
3 ciboules finement émincées
200 g de champignons de Paris coupés en tranches fines
1 tomate moyenne (150 g) finement émincée
2 c. à s. de persil plat frais grossièrement ciselé
6 œufs légèrement battus
250 g de cheddar grossièrement râpé

**1** Faites chauffer l'huile dans une grande poêle et faites revenir les ciboules et les champignons en remuant. Ajoutez la tomate et faites cuire jusqu'à ce que le liquide soit presque évaporé.
**2** Ajoutez le poulet puis le persil. Versez les œufs sur le mélange au poulet, puis parsemez de cheddar. Faites cuire à feu doux jusqu'à ce que les œufs aient pris. Placez la poêle au gril préchauffé afin de faire fondre le fromage et de faire dorer la frittata.
**3** Découpez la frittata en 6 parts et servez.

**à table** en 30 minutes
**pour** 6 personnes **par portion** 16,8 g de lipides (dont 5,5 g d'acides gras saturés) ; 319 cal ; 1,5 g de glucides ; 39,7 g de protéines ; 1,4 g de fibres

À EMPORTER

# Salade de poulet et de haricots beurre

480 g de poulet cuit émincé
350 g de haricots beurre parés et coupés en deux
1 c. à c. de zeste de citron vert finement râpé
2 c. à s. de jus de citron vert
1 c. à s. de sucre de palme râpé
1 gousse d'ail pilée
1 c. à s. d'huile d'arachide
25 g de feuilles de menthe fraîche ciselées
2 c. à c. de sauce aux piments doux
1 c. à s. de nuoc-mâm
250 g de tomates cerises coupées en deux
40 g de coriandre fraîche grossièrement ciselée
1 petit piment rouge frais émincé

**1** Faites cuire les haricots beurre à l'eau ou à la vapeur : ils doivent être tendres tout en restant légèrement croquants. Égouttez-les.
**2** Pendant la cuisson des haricots beurre, mélangez le zeste et le jus de citron vert, le sucre, l'ail, l'huile, la menthe, la sauce aux piments doux et le nuoc-mâm dans un grand saladier. Ajoutez les haricots beurre et le poulet, puis les tomates et les trois quarts de la coriandre. Mélangez délicatement.
**3** Parsemez le plat de la coriandre restante et de piment émincé.

**à table** en 20 minutes
**pour** 4 personnes **par portion** 14,1 g de lipides (dont 3,6 g d'acides gras saturés) ; 298 cal ; 7,9 g de glucides ; 32,8 g de protéines ; 3,9 g de fibres
**conseil** vous pouvez remplacer les haricots beurre par des haricots verts.

… EMPORTER

# Soupe au poulet, aux courgettes et au maïs

425 g de poulet cuit, détaillé en gros morceaux
20 g de beurre
1 gros oignon (200 g) finement émincé
1 gousse d'ail pilée
2 courgettes moyennes (240 g) grossièrement râpées
1 litre de bouillon de poulet
420 g de crème de maïs en boîte
125 ml de crème fraîche

**1** Faites fondre le beurre dans une grande casserole et faites-y revenir l'oignon et l'ail en remuant jusqu'à ce que l'oignon soit tendre. Ajoutez les courgettes et remuez pendant 1 minute.
**2** Versez le bouillon de poulet dans la casserole et portez à ébullition. Ajoutez la crème de maïs et le poulet ; réduisez le feu et laissez mijoter sans couvrir jusqu'à ce que le poulet soit bien chaud. Ajoutez la crème fraîche juste avant de servir.

**à table** en 20 minutes
**pour** 4 personnes **par portion** 27,6 g de lipides (dont 14,5 g d'acides gras saturés) ; 484 cal ; 23,9 g de glucides ; 33 g de protéines ; 5,3 g de fibres

À EMPORTER

# Salade de nouilles au poulet et au citron vert

480 g de poulet cuit, détaillé en petits morceaux
250 g de nouilles de haricot mungo
1 carotte moyenne (120 g)
1 concombre libanais (130 g), coupé en deux et épépiné
2 ciboules émincées
1 poivron rouge moyen (200 g) coupé en fines lanières
20 g de feuilles de menthe vietnamienne
20 g de feuilles de coriandre fraîches
3 petits piments rouges thaïs frais, finement émincés
2 gousses d'ail pilées
80 ml de jus de citron vert
80 ml d'huile d'arachide
2 c. à s. de nuoc-mâm
1 c. à s. de sucre en poudre

**1** Mettez les nouilles dans un grand saladier résistant à la chaleur et recouvrez-les d'eau bouillante. Laissez gonfler puis égouttez-les.
**2** À l'aide d'un économe, détaillez la carotte et le concombre en longs rubans.
**3** Dans un grand saladier, mélangez les nouilles, les rubans de carotte et de concombre, les ciboules, le poivron, le poulet, la menthe, la coriandre, les piments ainsi que le reste des ingrédients préalablement mélangés. Mélangez délicatement.

**à table** en 15 minutes
**pour** 4 personnes **par portion** 38,5 g de lipides (dont 11,3 g d'acides gras saturés) ; 681 cal ; 42,4 g de glucides ; 37,7 g de protéines ; 7,7 g de fibres
**conseils** pour une salade encore plus rafraîchissante, placez les nouilles au réfrigérateur pendant la nuit avant de les mélanger aux autres ingrédients. Si vous ne trouvez pas de menthe vietnamienne, remplacez-la par de la menthe classique ou ajoutez plus de coriandre.

À EMPORTER

# Gratin de pâtes carbonara au poulet

480 g de poulet cuit, détaillé en petits morceaux
250 g de spaghettis
1 c. à s. d'huile d'olive
500 g de champignons de Paris coupés en quatre
2 gousses d'ail pilées
1 c. à c. de thym frais haché
60 ml de vin blanc sec
180 ml de bouillon de poulet
425 g de sauce carbonara en bocal
3 ciboules émincées
50 g de parmesan finement râpé
25 g de chapelure

**1** Faites cuire les spaghettis dans une grande casserole d'eau bouillante, sans couvrir, puis égouttez-les. Rincez-les sous l'eau froide et égouttez-les de nouveau.
**2** Préchauffez le four à 240 °C ou à 220 °C pour un four à chaleur tournante. Huilez légèrement un plat à gratin d'une contenance de 3 litres.
**3** Pendant ce temps, faites chauffer l'huile d'olive dans une grande poêle et faites-y revenir les champignons, l'ail et le thym en remuant jusqu'à ce que les champignons soient légèrement dorés. Ajoutez le vin et le bouillon de poulet puis portez à ébullition. Faites cuire 5 minutes environ en remuant jusqu'à ce que le liquide ait réduit de moitié, puis retirez du feu.
**4** Ajoutez les spaghettis à la préparation aux champignons avec la sauce carbonara, les ciboules, le poulet et la moitié du parmesan. Mélangez délicatement.
**5** Dans un petit bol, mélangez le reste du fromage avec la chapelure. Versez les pâtes à la sauce dans le plat à gratin et parsemez-les de mélange de parmesan et de chapelure. Enfournez 10 minutes environ sans couvrir jusqu'à ce que le dessus soit légèrement doré.

**à table** en 35 minutes
**pour** 4 personnes **par portion** 28,8 g de lipides (dont 8,6 g d'acides gras saturés) ; 700 cal ; 53,1 g de glucides ; 50,3 g de protéines ; 8,1 g de fibres

À EMPORTER

# Salade de poulet croustillant

480 g de poulet cuit, détaillé en petits morceaux
1 petit chou chinois (700 g) finement émincé
2 ciboules émincées
100 g de germes de différents haricots
30 g de feuilles de coriandre fraîche
75 g de noix de cajou salées
2 c. à s. de graines de citrouille grillées
**assaisonnement à la sauce de soja**
60 ml de sauce de soja
80 ml de vinaigre de riz
2 c. à s. d'huile d'arachide
2 c. à c. de sucre roux
1 c. à c. d'huile de sésame

**1** Préparez l'assaisonnement à la sauce de soja.
**2** Dans un grand bol, placez le poulet et les autres ingrédients. Versez l'assaisonnement en filet sur la salade. Mélangez délicatement.
**assaisonnement à la sauce de soja** mettez tous les ingrédients dans un shaker pour sauce à salade, refermez et secouez.

**à table** en 15 minutes
**pour** 4 personnes **par portion** 31,1 g de lipides (dont 6 g d'acides gras saturés) ; 464 cal ; 7,5 g de glucides ; 36,4 g de protéines ; 5,1 g de fibres

# Salade thaïe au poulet dans des feuilles de laitue

8 grosses feuilles de laitue
1 c. à s. de kecap manis
1 c. à c. d'huile de sésame
1 c. à s. de jus de citron vert
1 grosse courgette (150 g) grossièrement râpée
1 carotte moyenne (120 g) grossièrement râpée
2 ciboules émincées
1 poivron rouge moyen (200 g) coupé en fines lanières
480 g de poulet cuit émincé
1 c. à s. de menthe fraîche ciselée
2 c. à s. de coriandre fraîche ciselée
2 c. à s. de sauce aux piments doux

**1** Égalisez aux ciseaux le bord des feuilles de laitue et placez-les au réfrigérateur dans un grand saladier d'eau glacée.
**2** Mélangez le kecap manis, l'huile de sésame et le jus de citron vert dans un saladier. Ajoutez la courgette, la carotte, les ciboules, le poivron, le poulet, la menthe et la moitié de la coriandre. Remuez délicatement.
**3** Égouttez les feuilles de laitue, séchez-les avec du papier absorbant et dressez-les sur les assiettes. Garnissez-les de salade au poulet. Arrosez de sauce aux piments doux et parsemez de coriandre avant de servir.

**à table** en 20 minutes
**pour** 4 personnes **par portion** 10,7 g de lipides (dont 2,8 g d'acides gras saturés) ; 262 cal ; 7,5 g de glucides ; 32,3 g de protéines ; 3 g de fibres

À EMPORTER

# Tostadas au poulet

425 g de poulet cuit, détaillé en gros morceaux
4 grandes tortillas de blé ou de maïs
120 g de haricots frits en boîte
130 g de salsa mi-forte avec des morceaux, en bocal
185 g de cheddar râpé
1 petite laitue iceberg (240 g) coupée en fines lanières
2 tomates moyennes (300 g) coupées en cubes
3 ciboules émincées
120 g de crème aigre légère

**1** Préchauffez le gril.
**2** Disposez les tortillas en une seule couche sur des plaques de cuisson.
**3** Dans un petit saladier, mélangez les haricots et la salsa. Répartissez ce mélange sur les tortillas puis recouvrez de poulet et de cheddar râpé. Passez au gril chaud jusqu'à ce que le fromage fonde et que le bord des tortillas soit croustillant.
**4** Pour servir, recouvrez les tostadas de salade, de tomates, de ciboules et de crème aigre.

**à table** en 25 minutes
**pour** 4 personnes **par portion** 25,8 g de lipides (dont 11,8 g d'acides gras saturés) ; 556 cal ; 33,9 g de glucides ; 44,2 g de protéines ; 5,4 g de fibres
**note** les haricots frits sont disponibles en conserve dans la plupart des supermarchés, tout comme les paquets de tortillas de blé ou de maïs. Les haricots frits sont des haricots pinto simplement cuits à l'étuvée puis frits et assaisonnés de diverses manières. On les connaît également sous leur nom mexicain, *frijoles refritos*.

# Roulés de poulet au lavash

170 g de poulet cuit, coupé en gros morceaux
90 g de laitue iceberg ciselée
200 g de tzatziki
4 pains lavash
**salade grecque**
½ concombre moyen (85 g) finement émincé
1 tomate moyenne (150 g) coupée en dés
25 g de feta coupée en dés
2 c. à s. d'olives noires dénoyautées et coupées en deux
2 c. à c. de jus de citron
2 c. à c. d'huile d'olive

**1** Préparez la salade grecque.
**2** Répartissez le poulet, la salade grecque, la salade iceberg et le tzatziki sur les pains lavash ; roulez-les pour les fermer.
**salade grecque** mettez les ingrédients dans un saladier et mélangez délicatement.

**à table** en 20 minutes
**pour** 2 personnes **par portion** 28 g de lipides (dont 8,9 g d'acides gras saturés) ; 757 cal ; 77,7 g de glucides ; 43,6 g de protéines ; 8,7 g de fibres
**note** le tzatziki est un yaourt au concombre et à l'ail que l'on trouve facilement dans le commerce.

## Salade de pâtes au poulet et aux asperges

480 g de poulet cuit, détaillé en petits morceaux
500 g de macaronis
250 g d'asperges parées et coupées en tronçons
200 g de champignons de Paris émincés
10 g de ciboulette fraîche ciselée
85 g de crème aigre légère
150 g de mayonnaise
1 c. à s. de jus de citron
1 c. à s. de moutarde à l'ancienne

**1** Faites cuire les pâtes dans une grande casserole d'eau bouillante sans couvrir, puis égouttez-les.
**2** Pendant ce temps, faites cuire les asperges à l'eau, à la vapeur ou au micro-ondes jusqu'à ce qu'elles soient juste tendres puis égouttez-les.
**3** Placez les pâtes et les asperges dans un grand saladier avec le poulet, les champignons et la ciboulette.
**4** Mélangez la crème aigre, la mayonnaise, le jus de citron et la moutarde dans un petit bol. Assaisonnez la salade de pâtes au poulet et aux asperges de cette sauce. Mélangez délicatement.

**à table** en 25 minutes
**pour** 4 personnes **par portion** 27,1 g de lipides (dont 8,9 g d'acides gras saturés) ; 649 cal ; 55,4 g de glucides ; 43,2 g de protéines ; 4,8 g de fibres

# Pizza au poulet et aux piments

170 g de poulet cuit, détaillé en morceaux
4 fonds de pizza de 125 g
2 c. à s. de concentré de tomates
1 c. à s. de sauce barbecue
1 ½ c. à c. de sambal oelek
1 gousse d'ail pilée
100 g de champignons de Paris coupés en tranches épaisses
1 petite tomate (130 g) coupée en tranches fines
165 g de mélange de fromages pour pizza, grossièrement râpés
2 c. à c. de thym frais

**1** Préchauffez le four à 220 °C ou à 200 °C pour un four à chaleur tournante.
**2** Disposez les fonds de pizza sur une plaque de cuisson. Mélangez le concentré de tomates, la sauce barbecue, le sambal oelek et l'ail dans un bol, puis étalez ce mélange sur les fonds de pizza.
**3** Garnissez-les ensuite de morceaux de poulet, de champignons, de tranches de tomate et de fromage.
**4** Faites cuire 20 minutes au four jusqu'à ce que la pâte soit croustillante. Parsemez de thym frais et servez aussitôt.

**à table** en 30 minutes
**pour** 4 personnes **par portion** 16,4 g de lipides (dont 6,8 g d'acides gras saturés) ; 585 cal ; 71,1 g de glucides ; 34,1 g de protéines ; 6,3 g de fibres
**note** la pâte à pizza prête à l'emploi est disponible dans tous les supermarchés. Certaines boulangeries vendent aussi de la pâte fraîche. Le fromage à pizza est un mélange de cheddar, de mozzarella et de parmesan.

## Poulet à la sauce cacciatore

1 poulet rôti (900 g) coupé en quatre, sans la peau
1 c. à s. d'huile d'olive
1 oignon moyen (150 g) finement émincé
2 gousses d'ail pilées
1 c. à s. de concentré de tomates
800 g de tomates pelées en boîte
125 ml de vin rouge
2 feuilles de laurier
4 filets d'anchois égouttés, finement émincés
120 g d'olives de Kalamata dénoyautées
2 c. à s. d'origan frais

**1** Faites chauffer l'huile dans une grande casserole et faites revenir l'oignon et l'ail en remuant jusqu'à ce que l'oignon soit tendre. Ajoutez le concentré de tomates, les tomates écrasées avec leur jus, le vin, les feuilles de laurier, les anchois et les olives, puis portez à ébullition. Réduisez le feu et laissez mijoter 5 minutes sans couvrir.
**2** Jetez les feuilles de laurier et incorporez l'origan à la sauce. Ajoutez enfin le poulet. Mélangez jusqu'à ce que le tout soit bien chaud. Servez la sauce avec des penne si vous le souhaitez.

**à table** en 30 minutes
**pour** 4 personnes **par portion** 22,9 g de lipides (dont 5,8 g d'acides gras saturés) ; 538 cal ; 15,7 g de glucides ; 60,1 g de protéines ; 3,7 g de fibres

# Salade césar au poulet

425 g de poulet cuit, coupé en gros morceaux
100 g de parmesan
1 œuf
1 gousse d'ail coupée en quatre
2 c. à s. de jus de citron
½ c. à c. de moutarde de Dijon
10 filets d'anchois égouttés
180 ml d'huile d'olive
1 grosse salade romaine, feuilles déchirées
170 g de croûtons en sachet

**1** À l'aide d'un économe, découpez le parmesan en copeaux.
**2** Mixez l'œuf, l'ail, le jus de citron, la moutarde et la moitié des anchois jusqu'à obtention d'un mélange homogène. Toujours en mixant, ajoutez l'huile en fin filet régulier. Mixez jusqu'à ce que l'assaisonnement épaississe.
**3** Dans un grand saladier, mettez le parmesan, les feuilles de salade, le poulet, les croûtons et le reste des anchois. Mélangez délicatement.
**4** Servez la salade agrémentée d'assaisonnement versé en filet.

**à table** en 30 minutes
**pour** 4 personnes **par portion** 77 g de lipides (dont 18,4 g d'acides gras saturés) ; 987 cal ; 19,3 g de glucides ; 54,5 g de protéines ; 5,7 g de fibres

# Riz sauté au poulet

425 g de poulet cuit, coupé en gros morceaux
2 c. à c. d'huile végétale
2 œufs légèrement battus
125 g de petits pois surgelés
160 g de grains de maïs surgelés
1 kg de riz blanc à longs grains cuit
6 ciboules grossièrement ciselées
60 ml de sauce de soja
2 c. à s. de persil plat frais haché
80 ml de sauce aux piments doux

**1** Faites chauffer la moitié de l'huile dans un grand wok chaud, puis versez-y les œufs. Faites cuire à feu moyen en inclinant le wok jusqu'à ce qu'ils aient presque pris. Retirez l'omelette du wok et roulez-la très serrée, puis coupez-la en tranches fines. Réservez.
**2** Faites chauffer le reste de l'huile dans le wok et faites sauter les petits pois et le maïs jusqu'à ce qu'ils soient bien chauds. Ajoutez le poulet et remuez. Ajoutez le riz, les ciboules, la sauce de soja et le persil puis faites réchauffer le tout.
**3** Servez le riz sauté au poulet avec des tranches d'omelette dessus. Agrémentez de la sauce aux piments doux.

**à table** en 20 minutes
**pour** 6 personnes **par portion** 9,7 g de lipides (dont 2,4 g d'acides gras saturés) ; 421 cal ; 54,3 g de glucides ; 26,1 g de protéines ; 4,2 g de fibres
**conseil** pour cette recette, faites cuire 330 g de riz.

# Poulet à la marocaine et salade de couscous

480 g de poulet cuit, détaillé en petits morceaux
250 ml de bouillon de légumes
300 g de couscous
1 oignon rouge moyen (170 g) coupé en fines tranches
75 g d'abricots secs coupés en gros morceaux
80 g de raisins secs de Smyrne
10 g de menthe fraîche finement ciselée
1 c. à s. de pignons de pin
2 c. à c. de graines de cumin
180 ml de vinaigrette allégée toute prête

**1** Portez le bouillon de légumes à ébullition dans une grande casserole, puis retirez-le du feu. Versez-y le couscous. Couvrez et laissez gonfler 5 minutes environ jusqu'à ce que le bouillon soit absorbé. Aérez-le à la fourchette.
**2** Ajoutez l'oignon, le poulet, les abricots secs, les raisins secs et la menthe. Mélangez délicatement.
**3** Faites griller les pignons et les graines de cumin à feu doux dans une petite poêle jusqu'à ce que les arômes se libèrent. Ajoutez-les au couscous avec la vinaigrette. Mélangez délicatement.

**à table** en 20 minutes
**pour** 4 personnes **par portion** 22,7 g de lipides (dont 4,2 g d'acides gras saturés) ; 740 cal ; 88,3 g de glucides ; 42,3 g de protéines ; 4,2 g de fibres

# Salade grecque au poulet

480 g de poulet cuit, détaillé en petits morceaux
375 g de petites pâtes coquillages
10 g d'origan frais grossièrement haché
125 ml d'huile d'olive
60 ml de jus de citron
1 oignon rouge moyen (170 g) coupé en fines rondelles
500 g de tomates cerises coupées en quatre
2 concombres libanais (260 g) coupés en cubes
120 g d'olives de Kalamata dénoyautées
1 gros poivron vert (350 g) coupé en gros morceaux
280 g de cœurs d'artichauts marinés en bocal, égouttés et coupés en gros morceaux
200 g de feta coupée en gros cubes

**1** Faites cuire les pâtes dans une grande casserole d'eau bouillante sans couvrir, puis égouttez-les. Rincez-les sous l'eau froide et égouttez-les de nouveau.
**2** Pendant ce temps, mettez 2 cuillerées à soupe d'origan avec l'huile d'olive et le jus de citron dans un shaker pour sauce à salade, refermez et secouez.
**3** Dans un grand saladier, mettez les pâtes, le poulet, l'oignon, les tomates, les concombres, les olives, le poivron, les cœurs d'artichauts, la feta et l'assaisonnement. Mélangez délicatement.
**4** Servez la salade parsemée du reste d'origan.

**à table** en 25 minutes
**pour** 4 personnes **par portion** 37,7 g de lipides (dont 12,8 g d'acides gras saturés) ; 898 cal ; 82 g de glucides ; 52,6 g de protéines ; 9 g de fibres
**conseils** vous pouvez aussi utiliser vos pâtes préférées pour cette recette. Si vous le souhaitez, utilisez l'huile des artichauts pour préparer l'assaisonnement.

# Poulet aux oignons et à la sauce barbecue

1 poulet rôti (900 g) coupé en quatre
2 c. à s. de jus de citron
2 c. à s. de sucre roux
1 c. à s. de miel
1 gousse d'ail pilée
60 ml de sauce de soja
2 oignons moyens (300 g)

**1** Préchauffez le four à 200 °C ou à 180 °C pour un four à chaleur tournante.
**2** Dans un petit récipient, mélangez le jus de citron, le sucre, le miel, l'ail et la sauce de soja.
**3** Découpez les oignons en gros morceaux. Disposez le poulet et les oignons dans un plat à gratin. Versez dessus la moitié de la préparation précédente.
**4** Enfournez 20 minutes environ sans couvrir jusqu'à ce que le poulet soit croustillant et bien chaud, en le badigeonnant fréquemment du reste de la préparation.

**à table** en 30 minutes
**pour** 4 personnes **par portion** 9,9 g de lipides (dont 2,8 g d'acides gras saturés) ; 293 cal ; 16,7 g de glucides ; 33,5 g de protéines ; 1,1 g de fibres

À EMPORTER

# Salade d'endive et de poulet aux noix de cajou

480 g de poulet cuit émincé
1 endive moyenne (125 g)
2 petites romaines
1 poivron jaune moyen (200 g) émincé
1 petit oignon rouge (100 g) émincé
150 g de noix de cajou grillées non salées
**assaisonnement**
280 g de yaourt
2 gousses d'ail pilées
2 c. à c. de zeste de citron râpé
60 ml de jus de citron
10 g de feuilles de coriandre fraîches grossièrement ciselées

**1** Préparez l'assaisonnement.
**2** Coupez la base de l'endive sur 1 cm et détachez les feuilles. Dégagez le cœur des romaines et détachez les feuilles.
**3** Mettez l'endive et les romaines dans un grand saladier avec le poivron, l'oignon, les noix de cajou et le poulet. Ajoutez l'assaisonnement et mélangez délicatement le tout.
**assaisonnement** mettez tous les ingrédients dans un shaker pour sauce à salade, refermez et secouez.

**à table** en 20 minutes
**pour** 4 personnes **par portion** 31 g de lipides (dont 7,3 g d'acides gras saturés) ; 511 cal ; 14,7 g de glucides ; 42 g de protéines ; 5,8 g de fibres

# Pizza au satay, à la roquette et au raïta

480 g de poulet cuit, détaillé en petits morceaux
140 g de beurre de cacahuètes avec morceaux
125 ml de sauce aux piments doux
4 pâtes à pizza individuelles de 15 cm de diamètre
200 g de provolone grossièrement râpé
50 g de pousses de roquette
**raïta**
1 concombre libanais (130 g) finement émincé
1 petit oignon (80 g) finement émincé
140 g de yaourt
2 c. à s. de menthe fraîche finement ciselée
1 long piment rouge allongé, finement émincé

**1** Préchauffez le four à 200 °C ou à 180 °C pour un four à chaleur tournante.
**2** Dans un petit bol, mélangez le beurre de cacahuètes et la sauce aux piments doux.
**3** Disposez les pâtes à pizza sur des plaques de cuisson. Étalez uniformément la préparation précédente sur chaque pâte. Garnissez ensuite de poulet et de fromage. Enfournez 15 minutes environ jusqu'à ce que le dessus des pizzas soit doré et leurs pâtes croustillantes.
**4** Pendant ce temps, préparez le raïta.
**5** Servez les pizzas recouvertes de raïta et de roquette.
**raïta** mélangez les ingrédients dans un petit saladier.

**à table** en 35 minutes
**pour** 4 personnes **par portion** 48,1 g de lipides (dont 16,3 g d'acides gras saturés) ; 1 029 cal ; 73,1 g de glucides ; 70,5 g de protéines ; 10,6 g de fibres

À EMPORTER

# Fettucines au poulet

170 g de poulet cuit, détaillé en petits morceaux
500 g de fettucines
1 c. à s. d'huile d'olive
1 oignon moyen (150 g) finement haché
2 tranches de bacon (125 g) finement hachées
200 g de champignons de Paris émincés
60 ml de vin blanc sec
160 ml de crème fraîche
250 ml de lait
20 g de parmesan finement râpé
2 c. à s. de persil plat grossièrement haché

**1** Faites cuire les pâtes dans un grand volume d'eau bouillante salée. Prélevez ensuite 125 ml de liquide de cuisson puis égouttez les pâtes.
**2** Pendant ce temps, faites chauffer l'huile dans une casserole et faites revenir l'oignon jusqu'à ce qu'il blondisse. Ajoutez le bacon et les champignons puis laissez cuire 1 minute en remuant.
**3** Ajoutez le vin, la crème fraîche et le lait puis portez à ébullition. Baissez le feu et laissez mijoter 5 minutes en remuant. Ajoutez le poulet et mélangez bien.
**4** Incorporez les pâtes, le parmesan, le persil et le liquide de cuisson des pâtes réservé. Remuez délicatement à feu doux jusqu'à ce que le tout soit bien chaud. Servez aussitôt.

**à table** en 20 minutes
**pour** 4 personnes **par portion** 35,6 g de lipides (dont 17,6 g d'acides gras saturés) ; 898 cal ; 96,4 g de glucides ; 42,9 g de protéines ; 8,1 g de fibres
**conseil** vous pouvez remplacer le persil par du basilic.

# Salade au poulet, au basilic et au chou chinois

480 g de poulet cuit, détaillé en petits morceaux
320 g de chou chinois finement râpé
4 ciboules émincées
10 g de basilic frais haché
1 gousse d'ail pilée
60 ml d'huile d'arachide
60 ml de jus de citron vert
2 c. à s. de nuoc-mâm
1 c. à s. de sucre en poudre

**1** Dans un grand saladier, mélangez le poulet, le chou, les ciboules et le basilic.
**2** Mettez l'ail, l'huile, le jus de citron, le nuoc-mâm et le sucre dans un shaker pour sauce à salade. Refermez et secouez.
**3** Versez l'assaisonnement en filet sur la salade. Mélangez délicatement.

**à table** en 15 minutes
**pour** 4 personnes **par portion** 22,9 g de lipides (dont 5,1 g d'acides gras saturés) ; 356 cal ; 5,5 g de glucides ; 31,5 g de protéines ; 1,6 g de fibres
**note** cette recette nécessite un chou chinois moyen.

– À EMPORTER

# Poulet sauté à la sauce de soja sucrée

480 g de poulet cuit, coupé en gros morceaux
450 g de nouilles hokkien
1 c. à s. d'huile d'arachide
6 ciboules émincées
1 gousse d'ail pilée
160 g de germes de soja
125 ml de bouillon de poulet
2 c. à s. de sauce aux piments doux
60 ml de kecap manis

**1** Mettez les nouilles dans un grand saladier résistant à la chaleur et recouvrez-les d'eau bouillante. Séparez les nouilles ensuite à la fourchette puis égouttez-les.
**2** Faites chauffer l'huile dans un wok et faites revenir le poulet, les ciboules et l'ail jusqu'à ce que le poulet soit bien chaud.
**3** Ajoutez les nouilles et les germes de soja dans le wok ainsi que le bouillon de poulet, la sauce aux piments doux et le kecap manis préalablement mélangés. Faites revenir la préparation jusqu'à ce que les nouilles soient bien chaudes.

**à table** en 15 minutes
**pour** 4 personnes **par portion** 14,8 g de lipides (dont 3,7 g d'acides gras saturés) ; 428 cal ; 32,8 g de glucides ; 38,2 g de protéines ; 4,1 g de fibres

# Salade de pâtes au poulet

425 g de poulet cuit coupé en gros morceaux
200 g de pâtes coquillages
250 g de tomates cerises coupées en deux
1 petit poivron rouge (150 g) coupé en gros morceaux
6 ciboules grossièrement ciselées
80 g d'olives de Kalamata dénoyautées
400 g de cœurs d'artichauts en boîte, égouttés et coupés en deux
10 g de basilic frais déchiré

**assaisonnement**
80 ml de jus de citron
1 c. à s. d'huile d'olive
1 c. à s. de vinaigre de vin rouge
1 c. à c. de sucre en poudre
2 c. à c. de moutarde à l'ancienne

**1** Faites cuire les pâtes dans une grande casserole d'eau bouillante sans couvrir, puis égouttez-les. Rincez-les ensuite sous l'eau froide et égouttez-les de nouveau.
**2** Pendant ce temps, préparez l'assaisonnement.
**3** Mettez les pâtes dans un grand saladier avec le poulet et le reste des ingrédients de la salade. Versez l'assaisonnement en filet. Mélangez délicatement.

**assaisonnement** versez tous les ingrédients dans un shaker pour sauce à salade, refermez et secouez.

**à table** en 25 minutes
**pour** 4 personnes **par portion** 15,2 g de lipides (dont 3,5 g d'acides gras saturés) ; 469 cal ; 45,7 g de glucides ; 34,4 g de protéines ; 4,6 g de fibres
**conseil** utilisez vos pâtes préférées ou du riz pour cette salade.

## Tagliatelles au poulet et aux petits pois, sauce crémeuse à la moutarde

480 g de poulet cuit, détaillé en petits morceaux
250 g de tagliatelles
1 c. à s. d'huile d'olive
1 oignon moyen (150 g) finement émincé
2 gousses d'ail pilées
125 ml de vin blanc sec
1 c. à s. de moutarde de Dijon
250 ml de crème fraîche
250 g de petits pois surgelés décongelés
10 g de ciboulette chinoise fraîche finement ciselée

**1** Faites cuire les pâtes dans une grande casserole d'eau bouillante sans couvrir, puis égouttez-les.
**2** Pendant ce temps, faites chauffer l'huile dans une grande casserole et faites revenir l'oignon et l'ail en remuant jusqu'à ce que l'oignon soit tendre. Ajoutez le vin et la moutarde puis portez à ébullition. Ajoutez la crème fraîche. Réduisez le feu et laissez mijoter 5 minutes sans couvrir jusqu'à ce que la sauce épaississe légèrement. Ajoutez les petits pois égouttés et le poulet. Remuez sur feu doux jusqu'à ce que le mélange soit bien chaud.
**3** Ajoutez les pâtes et la ciboulette dans la casserole avec la sauce au poulet et aux petits pois. Mélangez délicatement.

**à table** en 30 minutes
**pour** 4 personnes **par portion** 41,6 g de lipides (dont 21,1 g d'acides gras saturés) ; 778 cal ; 50,7 g de glucides ; 42,2 g de protéines ; 6,7 g de fibres

# glossaire

**bacon** poitrine de porc salée et fumée.

**badiane** également appelée *anis étoilé*. Cosse séchée en forme d'étoile. Ses graines ont un goût anisé. S'utilise pour parfumer les bouillons et les marinades.

**beurre** sauf mention contraire, nous utilisons du beurre salé.

**boulgour** grains de blé dont l'enveloppe a été retirée, cuits à la vapeur qui, une fois séchés, sont concassés. À ne pas confondre avec le blé concassé (grain de blé entier non traité, concassé lors du broyage en un produit céréalier plus ou moins fin).

**brocolini** croisement entre le brocoli européen et le brocoli chinois. Il ressemble au premier, mais son goût est plus doux et plus sucré.

**bok choy** également appelé *pak choy* ou *blette chinoise*. A un goût frais légèrement moutardé. On utilise les tiges et les feuilles.

**câpres** bouton floral gris-vert du câprier. Vendu séché, salé ou conservé dans du vinaigre.

**cardamome** épice originaire d'Inde. On la trouve dans sa cosse, en graines ou en poudre. Son parfum particulier, riche et sucré, en fait l'une des épices les plus chères au monde.

**champignons**

**bruns de Paris** également appelés criminis, champignons brun clair à foncé au goût riche.

**de Paris** petits champignons blancs cultivés, au parfum doux.

**pleurotes** champignons gris-blanc en forme d'éventail. Appréciés pour leur texture délicate et subtile.

**rosés-des-prés** grands champignons plats au riche arôme de terroir, idéals pour être farcis ou grillés au barbecue. Il en existe des variétés cultivées et sauvages.

**shiitake (frais)** ils sont cultivés et ont le même goût de terroir que les champignons sauvages.

**chapelure**

**dure** obtenue en râpant ou en hachant du pain rassis d'un ou de deux jours.

**fraîche** obtenue à partir de pain blanc réduit en miettes.

**industrielle** chapelure croustillante prête à l'emploi, à la texture fine.

**châtaignes d'eau** petits tubercules bruns à la chair blanche et croquante ayant un goût de noisette. Bien qu'elles soient meilleures fraîches, il est plus facile de se les procurer en conserve.

**chicorée frisée** légume vert à feuilles frisées, dont le cœur blanc est comestible. Saveur assez amère.

**choy sum** de la famille du bok choy. On le reconnaît à ses longues tiges, ses feuilles vert pâle et ses fleurs jaunes. Les tiges et les feuilles sont comestibles.

**cinq-épices en poudre** les ingrédients varient d'un pays à l'autre. En général, il s'agit d'un mélange de cannelle, de clous de girofles, de badiane, de poivre de Sichuan et de graines de fenouil.

**citronnelle** grande herbe aromatique tropicale poussant en bosquet, au parfum et à la saveur de citron et aux feuilles coupantes. On utilise la partie inférieure blanche de la tige, finement hachée.

**combava (feuilles)** également appelées *feuilles de citronnier kaffir*. Se présentent sous la forme de deux feuilles vert sombre brillantes. Fraîches ou sèches, elles sont utilisées comme des feuilles de laurier ou de curry dans de nombreux plats du Sud-Est de l'Asie, tout spécialement en Thaïlande. Elles sont vendues fraîches, sèches

# GLOSSAIRE

ou surgelées. Toutefois, les feuilles sèches étant moins parfumées, utilisez-en deux fois plus que des fraîches. Un morceau de peau de citron vert peut remplacer une feuille de combava.

**concombre libanais** court, mince, à la peau fine. Variété très prisée pour sa peau tendre et comestible, ses petites graines souples et son goût sucré et frais.

**coriandre** également appelée *persil chinois*.

**couscous** produit céréalier à base de semoule se présentant sous la forme de graines fines. Une pâte à base de farine de semoule et d'eau est tamisée puis réhydratée afin de produire les granulés minuscules à la taille homogène composant le couscous.

**crème de coco** s'obtient par la première pression de la chair de la noix de coco, sans addition d'eau. On la trouve dans la plupart des supermarchés, en boîte ou en brique.

**cresson** la grande famille des cressons regroupe un grand nombre de légumes verts dégustés crus en salade, tels quels avec une sauce ou en sandwich, ou encore cuits en soupe. S'abîmant très vite, consommez-le le plus rapidement possible.

**cumin** graine séchée d'une plante de la famille du persil. On le trouve sous forme de graines ou en poudre.

**curcuma** rhizome apparenté au galanga et au gingembre. Pour dégager son parfum et son arôme âpre, il faut le râper ou le broyer. Réputé pour la couleur dorée qu'il confère aux aliments, vous pouvez le remplacer par du curcuma en poudre, plus commun.

**épinard** on en consomme les feuilles ou les jeunes pousses.

**farine de maïs** également appelée *amidon de maïs*.

**fenouil (bulbes)** légume vert croquant ressemblant légèrement au céleri.

**fève** on trouve des fèves sèches, fraîches, en conserve ou surgelées. Les fèves fraîches doivent être épluchées deux fois (il faut retirer la cosse verte extérieure puis la peau beige-verte dure à l'intérieur). Les fèves surgelées sont écossées, mais il faut retirer leur peau beige.

**fromage**

**bleu** fromage à pâte persillée. On en trouve à pâte ferme et friable ou douce et crémeuse.

**cheddar** fromage au lait de vache, fort en goût. Il doit être affiné, dur, et avoir un arôme prononcé. Lorsque nous utilisons du fromage allégé, celui-ci ne doit pas contenir moins de 20 % de matières grasses.

**feta** fromage au lait de brebis, à la texture friable et au goût prononcé et salé. Affiné et conservé dans du petit-lait. Ce fromage est parfait dans les salades. Lorsque nous utilisons du fromage allégé, celui-ci ne doit pas contenir moins de 15 % de matières grasses.

**fontina** fromage italien au lait de vache, à pâte moelleuse et à la saveur crémeuse au goût de noisette. On le reconnaît à sa croûte marron ou rouge. Idéal fondu ou grillé.

**fromage à pizza** mélange de cheddar, de mozzarella et de parmesan râpé que l'on trouve dans le commerce.

**gruyère** fromage suisse à la croûte dure. Sa pâte percée de petits trous a un goût de noisette légèrement salé.

**halloumi** fromage chypriote à la texture mi-ferme un peu spongieuse. Affiné et conservé dans du petit-lait ; ne fondant pas à la chaleur, on peut donc le déguster grillé ou frit. Il doit être consommé tant qu'il est chaud, car il devient dur et caoutchouteux lorsqu'il refroidit.

**mozzarella** fromage mou à pâte filée. Originaire du sud de l'Italie, il est traditionnellement fabriqué

## GLOSSAIRE

à base de lait de bufflonne. Aujourd'hui, on utilise en général du lait de vache. C'est le fromage à pizza le plus prisé car il fond très vite et reste élastique une fois fondu. Lorsque nous utilisons du fromage allégé, celui-ci ne doit pas contenir moins de 17,5 % de matières grasses.

**parmesan** en italien *parmigiano*. Ce fromage à pâte dure et granuleuse à base de lait de vache est originaire de la région de Parme.

**provolone** fromage doux à pâte filée similaire à de la mozzarella lorsqu'il est jeune, et qui devient dur, fort et granuleux avec le temps. De couleur jaune, à la croûte molle et cireuse, le provolone est parfait pour tous les usages.

**ricotta** fromage frais doux au lait de vache, à la pâte blanche et crémeuse. Pauvre en matières grasses (8,5 % environ), sa texture est légèrement granuleuse. Littéralement, ricotta veut dire « recuit », en référence au processus de fabrication du fromage, à partir du petit-lait issu de la fabrication d'autres fromages.

**gai lan** brocoli chinois. Légume vert plus prisé pour ses tiges que pour ses feuilles.

**galanga** racine utilisée de la même manière que le gingembre. Sa saveur épicée et aigre de gingembre citronné relève les currys et les soupes.

**galette de riz** fabriquée à partir de farine de riz et d'eau, puis découpée en disques. Le papier de riz est très cassant. Trempez-le brièvement dans de l'eau afin de pouvoir le plier et y enrouler la nourriture.

**garam masala** signifie littéralement « mélange d'épices ». Se compose d'une quantité variable de clous de girofle, de cardamome, de cannelle, de coriandre, de fenouil et de cumin, grillés et moulus. Certains mélanges plus épicés peuvent contenir du poivre noir et du piment.

**germes de soja** également appelés *pousses de soja*. Jeunes pousses tendres, consommées en salade.

**gingembre**

**frais** racine épaisse et noueuse d'une plante tropicale. Se conserve épluchée dans un récipient de vinaigre de xérès sec, au réfrigérateur ou dans un récipient hermétique.

**en saumure** de couleur rosée ou rouge. Disponible dans les épiceries asiatiques. Se présente sous forme de fins copeaux de gingembre dans un mélange de vinaigre, de sucre et de colorants naturels.

**harissa** pâte originaire du Maghreb, confectionnée à partir de piments secs rouges, d'ail, d'huile d'olive et de graines de cumin. Peut s'utiliser pour enrober la viande, comme ingrédient dans les sauces ou comme condiment.

**hoisin** sauce barbecue chinoise épaisse, sucrée et épicée, fabriquée à base de graines de soja fermentées et salées, d'oignons et d'ail. S'utilise comme sauce ou comme marinade.

**huile**

**d'arachide** pressée à base de cacahuètes moulues. C'est l'huile de cuisson la plus courante en Asie, en raison de sa capacité à résister à de fortes températures sans brûler.

**d'olive** fabriquée à base d'olives mûres. L'huile d'olive vierge extra et l'huile d'olive vierge correspondent à la première et à la deuxième pression ; ce sont les meilleures huiles. Les termes « extra légère » ou « légère » sur d'autres types d'huiles se réfèrent au goût, et non au taux de matières grasses.

**de sésame** fabriquée à base de graines de sésame blanches grillées et écrasées. Cette huile est plus utilisée pour parfumer les plats que pour la cuisson.

**végétale** huile à base de plantes, et non de graisse animale.

**kecap manis** sauce de soja foncée, épaisse et sucrée utilisée dans la plupart des plats du sud-est de l'Asie. Son goût sucré provient de la mélasse ou du sucre de palme ajoutés lors de sa confection.

**kumara** nom polynésien de la patate douce à chair orange.

**marsala** vin italien, reconnaissable à son intense couleur ambrée et à son arôme complexe.

**mayonnaise** nous utilisons une mayonnaise aux œufs entiers.

**menthe vietnamienne** il ne s'agit pas du tout de menthe, mais d'une plante de la famille du sarrasin, aux feuilles étroites et à la saveur poivrée et âpre.

**mesclun** mélange de jeunes feuilles de laitue et d'autres légumes à feuilles.

**mirin** vin de cuisine japonais de couleur champagne, fabriqué à base de riz gluant et d'alcool. Il s'utilise exclusivement pour la cuisine. À ne pas confondre avec du saké.

**mizuna** originaire du Japon. Les feuilles de salade verte frisées ont un délicat arôme de moutarde.

**moutarde**

**à l'ancienne** moutarde de Dijon fabriquée à partir de graines écrasées.

**de Dijon** brun clair, crémeuse, à la saveur particulière, assez douce.

**graines noires** plus corsées que la variété blanche. Souvent utilisées dans les currys.

**nouilles**

**aux œufs** également appelées *nouilles jaunes*. Fabriquées à partir de farine de blé et d'œufs, elles sont vendues fraîches ou sèches. Leur taille varie, allant d'une baguette très fine à des nouilles de la forme d'un spaghetti.

**de haricot mungo** également appelées *nouilles cellophane*, car elles deviennent transparentes à la cuisson. De couleur blanche, elles sont très délicates et très fines. Laissez-les tremper dans l'eau pour les ramollir avant de les utiliser, sauf pour les faire frire.

**de riz fines, sèches** nouilles de riz sèches. Fabriquées à partir de farine de riz et d'eau, elles sont plates et larges ou très fines (vermicelles). Faites-les tremper dans de l'eau bouillante pour les ramollir.

**de riz fraîches** se présentent sous forme de baguettes de diverses épaisseurs, ou de grandes plaques pesant environ 500 g, à découper selon la taille souhaitée. Assez molles et d'un blanc pur, elles n'ont pas besoin d'être précuites avant utilisation.

**hokkien** nouilles de blé fraîches ressemblant à des spaghettis jaune-brun, ne nécessitant pas de précuisson avant utilisation.

**instantanées** nouilles cuisson rapide avec leur sachet d'épices, prêtes en 2 minutes.

**sautées croustillantes** nouilles aux œufs déjà frites et emballées.

**soba** nouilles japonaises fines, brun clair, à base de farine de sarrasin et de farine de blé en proportions variables. Sèches ou fraîches, il en existe des variétés parfumées ; on les mange dans les soupes, les plats sautés ou en salade.

**vermicelles de riz** avant utilisation, faites-les tremper dans de l'eau chaude pour les ramollir. Faites bouillir brièvement puis rincez-les sous l'eau tiède.

**nuoc-mâm** nom vietnamien de la sauce de poissons. Également

# GLOSSAIRE

appelé *nam-pla* si elle est fabriquée en Thaïlande. Faite à partir de poissons salés fermentés puis broyés (des anchois la plupart du temps). A une odeur forte et un goût prononcé. Dosez selon votre goût.

**œuf** nous utilisons de gros œufs de 60 g, sauf mention contraire. Certaines recettes nécessitent des œufs crus ou à peine cuits ; soyez prudent s'il y a des cas de salmonelle dans votre région, en particulier pour les aliments des enfants et des femmes enceintes.

**oignon**

**ciboules** oignon cueilli avant sa maturité, avant la formation du bulbe ; sa longue tige d'un vert brillant est comestible.

**échalote** petite, allongée, à la peau brune, elle fait partie de la famille des oignons ; elle pousse en bouquet serré, comme l'ail.

**rouge** gros oignon de couleur rouge-violet à la saveur sucrée.

**paprika** poivron rouge doux, séché et réduit en poudre.

**pignons de pin** graines du pin parasol.

**piment** mettez toujours des gants en caoutchouc avant de manipuler les piments frais, car ils peuvent vous brûler la peau. Nous utilisons des piments épépinés, car ce sont les pépins qui sont forts.

**jalapeño** prononcez « ha-la-pé-nyo ». Piment vert sombre assez relevé, de taille moyenne, charnu. On le trouve en saumure, en conserve ou en bocal ou frais.

**sauce aux piments doux** sauce en bocal relativement douce, assez liquide et gluante, faite à partir de piments rouges, de sucre, d'ail et de vinaigre blanc.

**thaï** petit piment rouge vif très fort.

**pois chiche** pois rond irrégulier, de couleur sable. Disponible en conserve ou sec (les pois chiches secs doivent tremper dans de l'eau froide pendant plusieurs heures avant utilisation).

**pois mange-tout** également appelés pois gourmands.

**poivre de Cayenne** piment sec rouge, long et fin, extrêmement fort, généralement utilisé en poudre.

**poivron** il en existe de différentes couleurs et saveurs.

**poulet**

**aile** aile entière, avec peau et os.

**cuisse** avec peau et os central.

**cuisse désossée** cuisse sans peau ni os.

**cuisse entière** patte et cuisse rattachées, en un seul morceau, avec peau et os.

**escalope** filet sans peau ni os.

**filet** mince lanière de viande située juste sous la poitrine.

**fumé** prêt à consommer, disponible dans les supermarchés, emballé sous vide (tranches de blanc ou poulet entier).

**haché** cuisse ou escalope hachées.

**manchon** premier segment de l'aile.

**pilon** patte avec la peau et l'os.

**rôti** vendu déjà cuit.

**prosciutto** jambon italien cru, salé, séché et affiné.

**radicchio** originaire d'Italie, de la famille de la chicorée. Ses grandes feuilles couleur bordeaux sombre ont un goût assez amer. Se mange cuit ou cru en salade.

**roquette** feuilles vertes au goût poivré, mangées crues en salade.

**sambal oelek** pâte salée confectionnée à partir de piments en poudre et de vinaigre.

**sauce aux prunes** sauce aigre-douce épaisse. Fabriquée à partir de prunes,

## GLOSSAIRE

de vinaigre, de sucre, de piments et d'épices.

**sauce barbecue** sauce épicée à base de tomates, utilisée pour les marinades, ou comme accompagnement.

**sauce d'huîtres** sauce épaisse et riche en goût, fabriquée à partir d'huîtres en saumure, cuites dans une sauce de soja salée et épaissie avec de l'amidon.

**sauce de soja** fabriquée à partir de graines de soja fermentées. Nous utilisons de la sauce de soja japonaise, sauf mention contraire.

**claire** de consistance liquide, de couleur pâle et très salée. On l'utilise lorsque l'on désire conserver la couleur naturelle des autres ingrédients.

**sauce teriyaki** sauce de soja japonaise fabriquée avec un mélange de sauce de soja, de mirin, de sucre, de gingembre et de diverses épices.

**sauce Worcestershire** sauce liquide épicée d'un brun sombre, utilisée comme assaisonnement pour les viandes, les sauces, les cocktails ou comme condiment.

**sucre de palme** fabriqué à partir de la sève du palmier à sucre. De couleur brun clair à noir ; généralement vendu sous la forme de pain très dur. Si vous n'en trouvez pas, remplacez-le par du sucre roux.

**sumac** épice en poudre, de couleur rouge violacée. Donne une saveur citronnée acide aux sauces d'accompagnement. Se marie parfaitement avec les viandes grillées. On en trouve dans les épiceries orientales.

**taramin** le tamarin est un arbre qui produit des bouquets de cosses recouvertes de duvet brun. Chaque cosse renferme des graines ainsi qu'une pulpe visqueuse qui est séchée et pressée en blocs. Donne un goût aigre-doux aux marinades, aux pâtes, aux sauces et aux assaisonnements. On en trouve dans les épiceries asiatiques. Il existe aussi de la pâte de tamarin (le jus de tamarin est distillé en une pâte concentrée)

**tomates**

**cerises** petites tomates rondes.

**concentré de tomates** purée de tomates triplement concentrée, utilisée pour parfumer les soupes, les ragoûts, les sauces et les plats en sauce.

**en boîte** tomates entières pelées dans leur jus naturel, écrasées, coupées en gros morceaux ou en dés, parfois non salées ou avec peu de sel. Utilisez-les avec leur jus dans les recettes.

**purée** tomates en conserve réduites en purée. Vous pouvez les remplacer par des tomates fraîches pelées et écrasées en purée.

**raisins** petites tomates de forme ovale.

**roma** de taille moyenne, elles ont une forme ovale.

**tortilla** pain fin et rond sans levain, à base de farine de blé ou de maïs, originaire du Mexique. On le trouve surgelé, frais ou sous vide.

**wasabi (pâte)** raifort asiatique utilisé pour la fabrication de cette sauce verte et âpre, servi avec les plats japonais à base de poisson cru.

**wombock** chou chinois allongé, aux feuilles vert clair dentelées. C'est le chou le plus répandu en Asie du Sud-Est.

# index

## A

agrumes
poulet à la moutarde et aux agrumes grillés 85
poulet aux agrumes, orange et maïs grillés 41
ailerons de poulet
ailerons de poulet au sumac et salade de tomates et de roquette 231
ailerons de poulet tikka 295
ailes de poulet
ailes de poulet épicées 153
ailes de poulet et salade de mangues vertes 66
ailes de poulet grillées, sauce ranch et salade de roquette au bleu 22
wok d'ailes de poulet au miel et au soja 182
amandes
nouilles au poulet et aux amandes 194
poulet grillé au beurre d'herbes, aux amandes et au gruyère 26
ananas
poulet cajun et salsa à l'ananas 49
anchois
poulet au citron et aux anchois, et courge à l'ail 227
artichauts
brochettes de poulet au citron et aux artichauts 33
asperges
poulet à la citronnelle et aux asperges 150
salade de pâtes au poulet et aux asperges 342

## B

bok choy
nouilles sautées au poulet et au bok choy 217
poulet grillé au bok choy et aux champignons 77
poulet sauté à l'ail et au bok choy 145
poulet thaï au bok choy 235
brochettes
brochettes de poulet à la mayonnaise à l'ail et au piment 38
brochettes de poulet au citron et aux artichauts 33
brochettes de poulet au sel et au poivre 54
brochettes de poulet et salsa à la papaye 61
brocolis
poulet aux brocolis et à la sauce d'huîtres 181
brocolis chinois
poulet sauté au gai lan 174
poulet sauté aux brocolis chinois 165
burgers de poulet asiatique et mayonnaise au wasabi 30
burgers au poulet 260

## C

cajun
poulet cajun et salsa à l'ananas 49
poulet cajun et salsa à la tomate 213
poulet cajun et son riz créole 303
câpres
poulet grillé aux câpres, aux anchois et au romarin 10
carbonara
gratin de pâtes carbonara au poulet 333
champignons
frittata de poulet aux champignons 325
nouilles sautées au poulet et aux champignons 149
poulet grillé au bok choy et aux champignons 77
chorizo
pâtes au poulet, au chorizo et au poivron 228
chou chinois
salade au poulet, au basilic et au chou chinois 365
chutney
escalopes de poulet au chutney et riz pilaf 29
poulet au chutney à la mangue 74
cinq-épices
poulet grillé au cinq-épices 65
citron
poulet au citron 240
poulet au citron et aux anchois, et courge à l'ail 227
poulet au citron et salade de pousses d'épinards 53
poulet au persil et au citron 244
citronnelle
poulet à la citronnelle 299
poulet à la citronnelle et aux asperges 150
combava
poulet sauté au combava 189
concombre
poulet thaï en croute de cacahuètes et salade de concombre 288
courge
poulet au citron et aux anchois, et courge à l'ail 227
courgettes
soupe au poulet, aux courgettes et au maïs 329
couscous
poulet à la harissa et salade de couscous 37
poulet à la marocaine et salade de couscous 353
poulet aux piments et au couscous 62
salade de poulet au couscous 108
cuisses de poulet
brochettes de poulet à la mayonnaise à l'ail et au piment 38

378

# INDEX

brochettes de poulet
au sel et au poivre 54
cuisses de poulet
à la portugaise 50
curry de poulet indonésien 279
gnocchis et poulet
à la crème 243
madras de poulet
aux haricots verts 276
nouilles au poulet
à la sauce satay 173
nouilles sautées au poulet
et au choy sum 141
nouilles sautées au poulet
et sauce d'huîtres 137
omelette au poulet
et au maïs 214
pad thaï 161
poulet à la chermoula 197
poulet à la crème, à
l'estragon et aux pommes
de terre rissolées 236
poulet à la malaisienne 292
poulet au beurre
à l'indienne 280
poulet au persil
et au citron 244
poulet au vin rouge
et à la sauce tomate 268
poulet au vinaigre
balsamique et pommes
de terre au romarin 58
poulet aux haricots
kilomètres et au basilic 198
poulet cajun et salsa
à l'ananas 49
poulet chow mein 154
poulet frit au poivre vert 267
poulet grillé à la coriandre
et au piment 21
poulet grillé au nam jim 13
poulet grillé aux câpres,
aux anchois et au romarin 10
poulet sauté à la sauce
d'huîtres 218
poulet sauté au curry
et à la noix de coco 190
poulet sauté au gai lan 174
poulet sauté aux épices
et nouilles de riz 162
poulet teriyaki aux noix
de cajou et aux nouilles 209
poulet thaï au bok choy 235
poulet tikka 166
salade chaude de poulet
à la coriandre 123
vindaloo aux lentilles
et au potiron 275
curry de poulet indonésien 279
curry vert thaï 272

## E

endives
  salade d'endive et
  de poulet aux noix
  de cajou 358
épinards
  farfalle au poulet,
  à la ricotta, aux épinards et
  à la tomate 224
  poulet au citron et salade
  de pousses d'épinards 53
escalopes de poulet
  brochettes de poulet au
  citron et aux artichauts 33
  brochettes de poulet
  aux herbes et aux noix
  de pécan 81
  curry vert thaï 272
  escalopes de poulet au
  chutney et riz pilaf 29
  méli-mélo sauté au poulet 202
  nouilles au poulet et aux
  amandes 194
  nouilles de riz sautées
  au poulet et au porc 157
  nouilles sautées au poulet
  à la thaïlandaise 169
  nouilles sautées au poulet
  et aux légumes pimentés 177
  nouilles sautées au poulet
et aux pois mange-tout 201
pâtes au poulet, au chorizo
et au poivron 228
pollo parmigiana 256
poulet à la citronnelle
et aux asperges 150
poulet à la harissa et
salade de couscous 37
poulet à la moutarde
et au romarin 18
poulet à la moutarde et
aux agrumes grillés 85
poulet à la moutarde et
aux tomates séchées 239
poulet à la sauce aigre-douce 14
poulet à la sauce de soja
et au miel 206
poulet à la thaïlandaise
et riz blanc 248
poulet à la toscane 193
poulet aigre-piquant 138
poulet au chutney à la
mangue 74
poulet au citron 240
poulet au citron et aux
anchois, et courge à l'ail 227
poulet au marsala 264
poulet aux agrumes,
orange et maïs grillés 41
poulet aux brocolis et
à la sauce d'huîtres 181
poulet aux herbes et
aux tomates rôties 247
poulet aux pâtes
et au pesto rouge 57
poulet aux piments
et au couscous 62
poulet aux pistaches
et purée de patates
douces 232
poulet aux poivrons,
aux haricots et à l'ail,
et crème aux herbes 259
poulet cajun et salsa
à la tomate 213
poulet cajun et son riz
créole 303
poulet chengdu 221

**379**

# INDEX

poulet et riz à la thaïlandaise 70
poulet et riz frit au basilic thaï 178
poulet et salade de tomates chaudes 78
poulet grillé au beurre d'herbes, aux amandes et au gruyère 26
poulet grillé au bok choy et aux champignons 77
poulet grillé et salsa à la mangue 34
poulet sauté à l'ail et au bok choy 145
poulet sauté à la coriandre et aux noix de cajou 158
poulet sauté au combava 189
poulet sauté au tamarin 170
poulet sauté aux légumes asiatiques 210
poulet sauté aux légumes et aux nouilles de riz 186
poulet sauté sur galettes de nouilles 146
poulet sur la salade de lentilles chaudes 73
poulet thaï en croute de cacahuètes et salade de concombre 288
poulet tikka au raïta au concombre et à la menthe 86
poulet yakitori 46
ratatouille au poulet 45
riz au poulet et au soja 252
salade de pâtes au poulet 116
salade de poulet à l'américaine 96
salade de poulet au citron vert et aux piments 112
salade de poulet au fenouil et à l'orange 99
salade de poulet au miel et à la sauce de soja 104
salade de poulet au miel pimenté 95
salade de poulet au pesto 100
salade de poulet au sésame 119
salade de poulet aux nouilles croustillantes 115
salade de poulet aux nouilles et au sésame 124
salade vietnamienne au poulet 103

## F
farfalle au poulet, à la ricotta, aux épinards et à la tomate 224
fenouil
  salade de poulet au fenouil et à l'orange 99
fettucines au poulet 362
filets de poulet
  brochettes de poulet et salsa à la papaye 61
  nouilles sautées au poulet et aux champignons 149
  omelette au poulet et au maïs 214
  poulet au citron et salade de pousses d'épinards 53
  poulet au parmesan 284
  poulet au sumac et au paprika et salade d'herbes 89
  poulet aux lentilles 42
  poulet aux piments et au miel 133
  poulet croustillant aux épices 300
  poulet grillé au cinq-épices 65
  poulet satay 185
  poulet satay et au yaourt 263
  poulet sauté aux amandes 142
  poulet sauté aux brocolis chinois 165
  salade de poulet à l'halloumi et au pain pide 107
  salade de poulet au couscous 108
  salade de poulet tandoori 69
  taboulé chaud au poulet sauté 134
  tortillas au poulet tandoori à la raïta 25
frittata de poulet aux champignons 325
fromage
  ailes de poulet grillées, sauce ranch et salade de roquette au bleu 22
  farfalle au poulet, à la ricotta, aux épinards et à la tomate 224
  pollo parmigiana 256
  poulet au parmesan 284
  poulet grillé au beurre d'herbes, aux amandes et au gruyère 26
  salade de pâtes au poulet, au poivron rôti, à la feta et aux noix 309
  salade de poulet à l'halloumi et au pain pide 107

## G
galettes de poulet et de jambon 255
gnocchis et poulet à la crème 243
gratin de pâtes carbonara au poulet 333

## H
haricots
  madras de poulet aux haricots verts 276
  poulet aux haricots kilomètres et au basilic 198
  poulet aux poivrons, aux haricots et à l'ail, et crème aux herbes 259
harissa
  poulet à la harissa et salade de couscous 37

## L
laksa au poulet 322
lavash
  roulés de poulet au lavash 341

# INDEX

lentilles
  poulet aux lentilles 42
  poulet sur la salade
  de lentilles chaudes 73
  vindaloo aux lentilles
  et au potiron 275
litchis
  salade de poulet
  aux litchis à la thaïlandaise
  318

## M

madras de poulet
  aux haricots verts 276
maïs
  omelette au poulet
  et au maïs 214
  poulet aux agrumes,
  orange et maïs grillés 41
  soupe au poulet, aux
  courgettes et au maïs 329
manchons de poulet
  manchons de poulet satay
  296
  manchons de poulet
  tandoori et raïta
  de concombre 291
mangues
  ailes de poulet et salade
  de mangues vertes 66
  poulet grillé et salsa
  à la mangue 34
marsala
  poulet au marsala 264
mayonnaise
  brochettes de poulet
  à la mayonnaise à l'ail
  et au piment 38
  burgers de poulet
  asiatique et mayonnaise
  au wasabi 30
méli-mélo sauté au poulet
  202
miel
  poulet à la sauce de soja
  et au miel 206
  poulet aux piments
  et au miel 133
  salade de poulet au miel
  et à la sauce de soja 104
  salade de poulet au miel
  pimenté 95

wok d'ailes de poulet
  au miel et au soja 182
moutarde
  poulet à la moutarde
  et au romarin 18
  poulet à la moutarde
  et aux agrumes grillés 85
  poulet à la moutarde et
  aux tomates séchées 239
  tagliatelles au poulet
  et aux petits pois, sauce
  crémeuse à la moutarde
  370

## N

nachos de poulet 313
nam jim
  poulet grillé au nam jim 13
noix de cajou
  poulet sauté à la coriandre
  et aux noix de cajou 158
  poulet teriyaki aux noix de
  cajou et aux nouilles 209
noix de coco
  poulet sauté au curry
  et à la noix de coco 190
noix de pécan
  brochettes de poulet
  aux herbes et aux noix
  de pécan 81
nouilles
  nouilles au poulet
  à la sauce satay 173
  nouilles au poulet
  et aux amandes 194
  nouilles de riz sautées au
  poulet et au porc 157
  nouilles sautées au poulet
  à la thaïlandaise 169
  nouilles sautées au poulet
  et au bok choy 217
  nouilles sautées au poulet
  et au choy sum 141
  nouilles sautées au poulet
  et aux légumes pimentés
  177
  nouilles sautées au poulet
  et aux pois mange-tout
  201
  nouilles sautées au poulet
  et sauce d'huîtres 137
  nouilles Singapour 321

poulet sauté aux épices
  et nouilles de riz 162
poulet sauté aux légumes
  et aux nouilles de riz 186
poulet sauté sur galettes
  de nouilles 146
poulet teriyaki aux noix de
  cajou et aux nouilles 209
salade de nouilles au
  poulet et au citron vert
  330
salade de poulet aux
  nouilles croustillantes 115
salade de poulet aux
  nouilles et au sésame 124
soupe de poulet aux
  vermicelles 310

## O

oignons
  poulet aux oignons et
  à la sauce barbecue 357
omelette au poulet
  et au maïs 214
orange
  poulet aux agrumes,
  orange et maïs grillés 41
  salade de poulet au
  fenouil et à l'orange 99

## P

pad thaï 161
papaye
  brochettes de poulet
  et salsa à la papaye 61
patates douces
  poulet aux pistaches et
  purée de patates douces
  232
pâtes
  fettucines au poulet 362
  pâtes au poulet, au chorizo
  et au poivron 228
  salade de pâtes au poulet
  369
  salade de pâtes au poulet
  et aux asperges 342
  salade de pâtes au poulet,
  au poivron rôti, à la feta
  et aux noix 309
  tagliatelles au poulet
  et aux petits pois, sauce

**381**

# INDEX

crémeuse à la moutarde 370
pesto
  salade de poulet au pesto 100
  poulet aux pâtes et au pesto rouge 57
petits pois
  tagliatelles au poulet et aux petits pois, sauce crémeuse à la moutarde 370
pilons de poulet
  poulet à la citronnelle 299
piments
  nouilles sautées au poulet et aux légumes pimentés 177
  pizza au poulet et aux piments 345
  poulet aux piments et au couscous 62
  poulet aux piments et au miel 133
  poulet grillé à la coriandre et au piment 21
  salade de poulet au citron vert et aux piments 112
pistaches
  poulet aux pistaches et purée de patates douces 232
pitas garnis au poulet 251
pitas garnis au poulet et au concombre mariné 82
pizza
  pizza au poulet et aux piments 345
  pizza au satay, à la roquette et au raïta 361
poires
  salade au poulet fumé et aux poires 120
poivre vert
  filets de poulet et sauce au poivre vert et à l'estragon 17

poulet frit au poivre vert 267
poivrons
  pâtes au poulet, au chorizo et au poivron 228
  poulet aux poivrons, aux haricots et à l'ail, et crème aux herbes 259
  salade de pâtes au poulet, au poivron rôti, à la feta et aux noix 309
pollo parmigiana 256
pommes de terre
  poulet à la crème, à l'estragon et aux pommes de terre rissolées 236
  poulet au vinaigre balsamique et pommes de terre au romarin 58
porc
  nouilles de riz sautées au poulet et au porc 157
potiron
  vindaloo aux lentilles et au potiron 275
poulet fumé
  salade au poulet fumé et aux poires 120
  salade de poulet fumé 127
  salade de poulet fumé au riz sauvage 111
  salade grecque au poulet fumé 92
poulet haché
  burgers au poulet 260
  burgers de poulet asiatique et mayonnaise au wasabi 30
  galettes de poulet et de jambon 255
  larb de poulet 205
  nouilles sautées au poulet et au bok choy 217
  sang choy bow au poulet 130
poulet à la malaisienne 292
poulet à la marocaine et salade de couscous 353

poulet à la sauce aigre-douce 14
poulet à la sauce cacciatore 346
poulet à la thaïlandaise et riz blanc 248
poulet aigre-piquant 138
poulet au beurre à l'indienne 280
poulet aux oignons et à la sauce barbecue 357
poulet chengdu 221
poulet chow mein 154
poulet croustillant aux épices 300
poulet et sauce crémeuse aux tomates séchées 317
poulet peri peri 287
poulet sauté aux légumes asiatiques 210
poulet sauté à la sauce de soja sucrée 366
poulet yakitori 46

## R
raïta
  manchons de poulet tandoori et raïta de concombre 291
  pizza au satay, à la roquette et au raïta 361
  poulet tikka au raïta au concombre et à la menthe 86
ratatouille au poulet 45
riz
  escalopes de poulet au chutney et riz pilaf 29
  poulet à la thaïlandaise et riz blanc 248
  poulet et riz frit au basilic thaï 178
  riz au poulet et au soja 252
  riz sauté au poulet 350
  salade de poulet fumé au riz sauvage 111
roquette
  ailes de poulet grillées, sauce ranch et salade

# INDEX

de roquette au bleu 22
pizza au satay, à la roquette et au raïta 361
rouleaux de printemps 314
roulés de poulet au lavash 341

## S

salades
salade au poulet, au basilic et au chou chinois 365
salade césar au poulet 349
salade chaude de poulet à la coriandre 123
salade d'endive et de poulet aux noix de cajou 358
salade de nouilles au poulet et au citron vert 330
salade de pâtes au poulet 369
salade de pâtes au poulet et aux asperges 342
salade de pâtes au poulet, au poivron rôti, à la feta et aux noix 309
salade de poulet assaisonnée au sésame 306
salade de poulet au citron vert et aux piments 112
salade de poulet au couscous 108
salade de poulet au fenouil et à l'orange 99
salade de poulet au sésame 119
salade de poulet aux litchis à la thaïlandaise 318
salade de poulet croustillant 334
salade de poulet fumé au riz sauvage 111
salade de poulet tandoori 69
salade grecque au poulet 354
salade grecque au poulet fumé 92
salade thaïe au poulet dans des feuilles de laitue 337
salade vietnamienne au poulet 103
sang choy bow au poulet 130
satay
nouilles au poulet à la sauce satay 173
pizza au satay, à la roquette et au raïta 361
poulet satay 185
poulet satay et au yaourt 263
sauce barbecue
poulet aux oignons et à la sauce barbecue 357
sauce ranch
ailes de poulet grillées, sauce ranch et salade de roquette au bleu 22
sauce tomate
poulet au vin rouge et à la sauce tomate 268
soupes
laksa au poulet 322
soupe au poulet, aux courgettes et au maïs 329
soupe de poulet aux vermicelles 310
sumac
ailerons de poulet au sumac et salade de tomates et de roquette 231
poulet au sumac et au paprika et salade d'herbes 89

## T

taboulé chaud au poulet sauté 134
tagliatelles au poulet et aux petits pois, sauce crémeuse à la moutarde 370
tandoori
manchons de poulet tandoori et raïta de concombre 291
salade de poulet tandoori 69
tortillas au poulet tandoori à la raïta 25
teriyaki
poulet teriyaki aux noix de cajou et aux nouilles 209
rouleaux de printemps 314
tikka
ailerons de poulet tikka 295
poulet tikka 166
poulet tikka au raïta au concombre et à la menthe 86
tomates
ailerons de poulet au sumac et salade de tomates et de roquette 231
farfalle au poulet, à la ricotta, aux épinards et à la tomate 224
poulet au vin rouge et à la sauce tomate 268
poulet aux herbes et aux tomates rôties 247
poulet cajun et salsa à la tomate 213
poulet et salade de tomates chaudes 78
tomates séchées
poulet à la moutarde et aux tomates séchées 239
poulet et sauce crémeuse aux tomates séchées 317
tostadas au poulet 338

## V

vindaloo aux lentilles et au potiron 275

**383**

Publié pour la première fois en Australie en 2007 sous le titre *Fast Chicken*.
© ACP Magazines Ltd 2007.
© 2008 Marabout (Hachette Livre) pour la traduction et l'adaptation française.
Traduction et adaptation : Babelscope.
Suivi éditorial : Natacha Kotchetkova.
Mise en pages : Les PAOistes.
Relecture - correction : Véronique Dussidour.

Tous droits réservés. Toute reproduction d'un extrait de ce livre, par quelque procédé que ce soit, et notamment par photocopie ou microfilm, est interdite sans autorisation écrite de l'éditeur.

Pour l'éditeur, le principe est d'utiliser des papiers composés de fibres naturelles, renouvelables, recyclables et fabriquées à partir de bois issus de forêts qui adoptent un système d'aménagement durable. En outre, l'éditeur attend de ses fournisseurs de papier qu'ils s'inscrivent dans une démarche de certification environnementale reconnue.

Imprimé en Espagne par Graficas Estella
Dépôt légal : décembre 2008
ISBN : 978-2-501-05789-9
40 4624 9 / 02